ザスパクサツ群馬
社長・奈良知彦
「人生最後の大勝負」

乾坤一擲《けんこんいってき》

伊藤寿学

内外出版社

乾坤一擲

ザスパクサツ群馬社長・奈良知彦
「人生最後の大勝負」

第3章　義理人情社長、就任1年目の完敗　67

第4章　前商魂のルーツ　97

第5章　教育者にして勝負師　125

第6章　男泣きのJ2昇格　155

第1章　「乾坤一擲《けんこんいってき》」人生最後の大勝負

J3降格……成績低迷、経営不振、信頼失墜

J3に陥落したクラブの後任社長探しは、予想どおり難航した。

成績低迷、経営不振、信頼失墜……どん底に転がり落ちたJリーグチームの経営をだれが引き受けようか。導火線に火がついた爆弾処理。瀕死のクラブに支援を差し伸べる「ホワイトナイト（白馬の騎士）」は出現しなかった。

2017年、当時J2だったザスパは開幕から低迷。チームはシーズン全42試合でわずか5勝しか挙げることができず、シーズン終了を待たずしてJ2最下位が決定した。スタジアムにはボリュームマックスのブーイングが吹き荒れた。

その年のJ3では、J2ライセンスを持たない秋田、沼津が上位争いを演じていたため場合によってはザスパのJ2残留の可能性が残されていたが、J3最終節で沼津が3位となったことで、ザスパの降格が宣告された。2005年のJ2昇格以降、初の降格

だった。

ファン・サポーターのＳＮＳには悲しみのつぶやきが次々と流れ、ため息がタイムラインを埋めた。Ｊ２残留の希望が絶たれたことで、とてつもなく大きな失望感が地域Ｊクラブを容赦なく襲った。だれが悪いわけでもなく、積もり積もった問題を先送りしてきた長年のツケが露呈した結果だった。千里の堤も蟻の穴から崩れる。小さなボタンの掛け違いを放置したことが、取り返しのつかない事態を招いたとも言える。

「Ｊ３降格」。２００５年のＪ２初昇格から13年間、多くの苦境を乗り越えながらも生き残ってきたクラブだったが、あまりにも過酷な現実を突きつけられたのだった。当然ながら、前社長は辞任に追い込まれた。

問題は、チーム成績だけではなかった。経営母体を持たない地域クラブであるザスパは、毎年のように財政危機と背中合わせだったが、２０１７年の成績低迷によって観客動員が減少、スポンサー離れが進み、深刻な財政難に襲われた。

さらに、当時のクラブに、ファン・サポーターの声が届かなかったことで、ゴール裏応援席は紛糾。業を煮やしたコアサポーターたちは「Jリーグに関わる全ての皆様へ‼SOS」という、手書きの巨大横断幕を試合後に掲げて、窮状を訴えた。行き場のない怒りはスタジアムに渦巻き、クラブの信頼は地に墜ちた。成績低迷、経営不振、信頼失墜の3点セット。周囲からは「ザスパはもうダメなのではないか」「どこかの企業に買ってもらうしかない」という声も聞こえてきた。このクラブはどうなってしまうのか。まさに惨状だった。

J2昇格以降、ザスパはたびたび経営難に襲われてきた。各クラブの経営状況に目を光らせるJリーグは2013年から、3年連続赤字、債務超過の場合はライセンス剥奪という規定を設けたが、ザスパは2014年シーズン末までに約8700万円の債務超過を解消しなければ、Jリーグからレッドカードを提示される状況にまで追い詰められた。

その財政危機は、ファン・サポーター、スポンサーの寄付・募金などによって乗り切ったが、禁じ手はもう使えない。「すみません、また募金をお願いします」とは口が裂けても言えない。2017年のJ3降格によって、クラブは崖の淵へ追い込まれた。クラブ経営の狂った歯車を修復することが、極めて難解な作業となるのは、だれの目から見ても明らかだった。そんなクラブの社長など、だれもやりたくなかった。

成績低迷、経営不振、信頼失墜という「負の連鎖」にメスを入れたのは、取締役会だった。ザスパは、２００５年のＪ2昇格以前から支援する企業の役員らが、取締役を務めていた。彼らは、地域密着、地域活性というクラブ主旨に賛同、株主としてチームをスポンサード。しかしながら、これまで現場に介入することはほとんどなかった。苦楽を共にしながら、どんなときも温かい目でチームを見守ってきた。

Ｊ2最下位が確定した10月末の時点で、クラブは緊急取締役会を開いた。チームがＪ2に残る可能性もあるが、Ｊ3降格を覚悟しなければならない最悪の状況。チームを指揮した森下仁志監督とは、2年契約を結んでいたため翌２０１８年の契約が残っていた。

来季の体制はどうするのか。継続したチーム作りを考えるのであれば、監督継続も一つの策となる。継続か刷新か。継続路線での建て直し案も浮上していたが、取締役会は刷新を選択した。まさにクラブの未来を考えた上での英断だった。その結果、当時の社長、監督らがシーズン終了を待たずして辞意を表明する非常事態となった。

監督選び　窮地で大事なのは人間力

まずは次の監督の目星をつけなければならない。チーム再建の道を選んだ取締役たちは、クラブアドバイザーの立場にいた群馬県の高校サッカーの功労者・元前橋商サッカー部監督の奈良知彦（当時前橋市教育委員、育英大学特任教授）、そして前橋育英サッカー部・山田耕介監督のふたりに、次期監督のアドバイスを求めた。

奈良と山田は、互いの高校チームを率いて長きにわたり群馬の覇権を争ったライバル同士だったが、その当時からサッカー人、教育者として心を通わせる間柄だった。

群馬県唯一のJクラブであるザスパの危機に立ち上がった両雄だったが、当時63歳の奈良が定年を迎えていたのに対して、当時58歳だった山田は現役。サッカー部指導の一方で校長として学校運営に携わっていたため、監督候補探しは、いつの間にか奈良が中心的に担うことになっていったという。奈良は、当時の状況をこう説明する。

「私は２０１３年からクラブアドバイザーという名ばかりの立場をいただいていました。要所、要所でクラブから相談を受けることはあったのですが、具体的にチーム運営に携わることはありませんでした。いわば外から応援させていただく立場だったわけです。ただし２０１７年の秋になって状況が変わっていったのです。ある取締役の方から『チームが大変なことになっている。不測の事態に備えて、次期監督の具体的なアドバイスをもらえないか』という話をもらったのです。役員の方たちが困っているのが手に取るようにわかりました。そのときは外部の立場でしたが、**元来、困っている人を放っておくことはできませんし、頼まれると断れない性格なのです。**それならばと、育英高校の山田先生と相談しながら、監督候補を考えてみようという流れになったのです」

前橋商で27年にわたり指揮を執り、全国高校サッカー選手権に計10度出場、うち２度のベスト４進出。国立競技場の大舞台も経験している奈良は、地元Ｊクラブのためにひと肌脱ぐことを決めた。

すべてを失ったチームを任せられる人材はだれか。元名古屋グランパスの米倉誠、元横浜フリューゲルスの服部浩紀（元ザスパ監督）、元横浜F・マリノスの清水範久、元ガンバ大阪の松本大樹、元東京ヴェルディの大野敏隆ら約20人のJリーガーを育ててきた奈良は、ザスパの未来を託せる人物をリストアップするため、教え子の現状を確認しながら、さまざまな人脈を辿っていった。教え子の中には協力を惜しまないと言ってくれた者も多かったという。だが、簡単な仕事ではない。地元出身の人材はしがらみもあり、避けたほうがいいのではとも思い始めた。そこで、ふと脳裏に浮かんできた人物がいた。

布啓一郎。かつて市立船橋を率いて全国高校サッカー選手権を4度制した高校サッカーレジェンド指揮官だ。古くからの高校サッカーファンであれば、角刈り頭で指揮を執るシルエットが思い浮かぶはずだ。

布氏は2002年の全国高校サッカー選手権で優勝したのち、教員を退職して日本サッカー協会（JFA）へ。その後はU―16日本代表、U―19日本代表の監督を歴任し、

２０１５年からはＪ２ファジアーノ岡山のコーチを務めていた。教員からプロ指導者となった布は「教員は人事異動が宿命です。また組織には、新陳代謝が必要だとも感じていました。異動のタイミングが近づいてきたときの２０００年にＳ級ライセンスを取得したことでプロのコーチとして新たなチャレンジをしたいと考えました」と、のちに明かしている。

奈良と布は、高校サッカー黎明期からそれぞれが実績を作り上げていった名将同士。布が、市立船橋監督に就任した１９８４年度から、公式戦や練習試合などを通じて深い親交があった。布が２００２年度で高校サッカーから離れたため、互いの世界は違っていたが心は常に通じ合っていた。奈良は、携帯電話で布の名前を検索し、久しぶりに連絡を取った。

「布さんに連絡を取ったのは、彼の実績だけが理由ではありませんでした。むしろ、それ以外の部分が大きかったかもしれません。私は、市立船橋に就任した当時から、布さんを知っています。大学を卒業して教員となった彼は、失礼ながらまったくの無名でしたし、学校にも実績がありませんでした。いまでこそ市立船橋は立派な練習環境になっていますが、最初はグラウンドがなく、学校近くの工場敷地を借りて練習をしていたのをはっきりと覚えています。高校サッカーで数々の実績を挙げた布さんですが、最初は練習場もない環境で苦労をしていました。選手、練習場などすべてが揃った上で『どうぞ、お願いします』ではなく、いわばゼロからのスタートだったのです。練習環境など条件が整っていない場所でも、決して言い訳することなく黙々とチーム強化に励んでいた姿が思い出されました。彼であれば、J3に降格したザスパを救ってくれるはずだ、と考えたのです。**私は教育の世界で長く生きてきましたが、窮地において大事なのは人間力だという強い信念がありました。サッカーの指導力はもちろんですが、彼の誠実さと忍耐力がいまのチームには必要**だと感じたのです」

J3に降格したザスパは、選手流出、自前のグラウンドがない練習環境などの問題を抱えていた。奈良は、チーム強化と同時に、困難に打ち克てる人物として、布に監督就任を打診したのだった。奈良は「指導力に長けている人物はいまの日本サッカー界に多く存在すると思うのですが、サッカーチームの監督は、状況に適応したリーダーシップが求められます。ザスパという組織に適したリーダーを招くことが重要だと考えました」と振り返る。そして、布と膝を突き合わせて、じっくりと話し合った。

そして、２０１７年11月のシーズン終了後に、最終的な承諾を得た。奈良は、取締役会で、布を監督に推薦。同年11月22日にクラブは、布のザスパ監督就任を発表した。これで任務は終わったと思われた。

だが、事態は奈良を巻き込んで動いていった。布をクラブへ呼ぶことになったものの、サポートする人材がいなければ仕事は円滑に進まない。奈良自身にも、荒波に浮かぶ漂流船に布だけを乗せるわけにはいかないという思いがあった。

Ｊ３降格が決まったクラブは、当時の社長、ＧＭ、監督に加えて、ＧＭ補佐の辞職が決まり、チーム再構築の一方で、経営陣の再編も急務だった。クラブ側は奈良に入閣を打診、チームに関わるポジションでの新監督支援を頼み込んだ。当初は、後方支援の役職が見込まれていた。

「布さんに声をかけさせてもらった手前、彼にすべての責任を負わせるわけにはいきません。そばに寄り添いながら、私自身も、なんらかの形でサポートをしていく責務があると考えていました。ただ、私は高校サッカー指導の経験こそありますが、２００４年に一線を退いたあとは、高校管理職になっていたので、長くサッカーには携わっていませんでしたし、Ｊリーグとは無縁の場所にいました。プロサッカーの世界についての知識はまったくなかったので、それを踏まえた上で黒子役的なポジションがいいのではないか、とクラブには伝えていました」

群馬からＪリーグの火を消すわけにはいかない

しかし、クラブから打診されたのは、想定外の社長の椅子だった。水面下で話を受けた奈良は、固辞した。

「高校サッカーの現場は知っていますが、プロサッカーに関しては何も知りません。10年以上前に高校サッカーの現場は退いていて、その後は教育者の道をまっとうしました。3年前に定年を迎えたあとは、教育現場への恩返しとして、いくつかの学校の仕事をさせてもらっていました。高校サッカー指導者時代は休日もサッカー中心で、家族にも迷惑をかけていましたので、定年後はゆっくり過ごしたいと思っていました。サッカーファンではありましたが、Jリーグクラブの経営なんてとんでもないことだと伝えました。また、そんな器ではないのは私自身が一番理解していました。裏方としてサポートすることはできますが『社長なんてとてもできません』と丁重にお断りしたのです」

２０１７年11月末日は、冷たい雨がしとしとと降る日だった。クラブは臨時取締役会を開催、その場には奈良も出席し、監督決定の報告を行った。そして、議題は次期社長についての話し合いに移っていくことになる。成績低迷、経営不振、信頼失墜の三重苦。各取締役がこの後のクラブ運営について意見を述べていったというが、次期社長問題だけは、暗礁に乗り上げた。重苦しい空気が流れる中で、どこからともなく「奈良さんはどうか」という声が上がった。

実は、この取締役会に出席する前日、奈良は妻・恵子から「あなたがサッカーに対して本気なのは理解していますが、もし社長の話が出るようであれば、断ってきてくださいね」と釘を刺されていた。

いつ火が着くかわからない爆弾の処理を引き受ける理由はどこにもない。もし、万が一のことが起これば、奈良の立場はなくなる。前橋商で築いた高校サッカー名将の名声、その後に異動となった藤岡工業、市立前橋高校での管理職としての実績……これらに傷がつく危険性もある。家族の立場からみれば、一家の主人である奈良を、ザスパの社長に就かせてリスクにさらすわけにいかないのは、容易に理解できた。長男の章弘（共愛学園サッカー部監督）は「もし再建に失敗すれば、批判を受けるかもしれないし、これまで築き上げてきた高校サッカーの実績と教育界の信用までを失う可能性もあります。家族としては不安しかありませんでした」と吐露する。

しかし、取締役たちは、奈良に頼るしか道がなかった。奈良のほかに、この仕事を引き受けられる人物はいない。適任は、もはや一人しかいないのだ。役員たちは、あの手この手を使い、心境を探り、こんこんと説得していった。「お願いできないか」「いや、私では力不足です」「そこをなんとか」……こうした押し問答は、2時間以上も続いたという。困り果てた奈良は思わず、不安を口にした。

「私は商業高校の教師でしたが専門は体育で、会社の帳簿なんて一度も見たことがありません。恥ずかしながら簿記も、ちんぷんかんぷんです。こんな状況ですので会社経営についてはまったくの素人です。こんな人間が、クラブ経営なんてできるはずがありませんよ。監督に推薦した布さんを支援することには責任を持ちますが、社長はさすがに勘弁してください。私には、荷が重すぎます」

奈良の不安に対して、取締役会は、支援役を設けることを提案。奈良の役割は、クラブ全体の統括とチーム強化支援。経営実務は、真下敦紀取締役が常勤で営業・実務面を担うことを約束したのだった。役員らの熱意に押し切られた奈良は、Ｊクラブの社長を引き受けることを決めた。

帰宅後、社長就任を家族に告げると一様にあきれられた。だが、妻・恵子は薄々こうなることを察していたようで「地域の子どもたちやサッカーファンのために頑張ってください」と背中を押したという。当時63歳。元高校サッカー監督、元公立高校校長の奈良は、苦労ばかりかけてきた妻の温かな言葉に、部屋の片隅でひとり涙を流した。

「つぶれかかっていたJクラブの社長が、大変な役割だというのは十分に理解していました。私自身、クラブ再建の自信などまったくありませんでした。不安だらけです。失敗すれば、私自身がブーイングを受けてしまう可能性もありました。それでも、引き受けなければならないと強く思った理由は、ザスパが群馬で唯一のJリーグクラブだったからです。もし、ザスパが消滅してしまったら、群馬県からJリーグの灯りが消えることになります。**私は、長くサッカー界に面倒をみてもらってきましたので、地元のJクラブが消えてしまうかもしれないという危機に対して、目をつぶって見ているわけにはいかなかった。**群馬県の子どもたちがJリーグに触れる機会がなくなってしまうのです。お人好しと言われるかもしれませんが、群馬のサッカーのために自ら行動しなければならないと思ったのです」
それは損か得かではなく、良心に則った決断だった。

団結・笑顔・J2復帰

奈良社長、布監督の就任会見は、年の瀬が迫った2017年12月27日に行われた。会見には、奈良社長、布監督のほか、全国高校サッカー選手権出陣を間近に控えた前橋育英・山田監督もアドバイザーの立場で同席した。高校サッカーに歴史を刻んだ名将たちが、Jリーグへ挑む。クラブの新たな船出には、多くの報道陣が集結、会見開始に合わせて一斉にフラッシュがたかれた。

会見の冒頭でマイクを持った奈良社長は、覚悟を決めているようだった。そこには布監督、そしてクラブとともに心中することも辞さないほどの情熱がみなぎっていた。前橋商監督時代に数多くの修羅場を経験した名将の熱き魂がよみがえったのだろう。勝負師と呼ばれた所以が、堂々たる立ち居振る舞いからにじみ出ていた。張り詰めた空気の中で、奈良社長による「所信表明」が始まった。

「まずは少しお時間をいただきまして、私が社長になるにあたりまして、私の決意をお聞きいただき、ご協力のお願いをさせていただければと存じます。ザスパは今季、J3降格という非常に厳しい結果となりました。来季はJ3からのスタートとなります。正直、社長を受けるにあたってかなり迷いました。私は、教育界に長くいたもので企業経営については、まったくの素人で、多くの心配と不安がありました。しかし、尊敬すべき取締役の方々が後ろ盾になってくれるということで、大変頼もしく感じまして、お受けすることにいたしました。いまはクラブ、地域のために全力でやらなければいけないという気持ちでいっぱいであります」

決して弁の立つ論客ではない。だが、一つひとつの言葉には、真心と安心感があふれ

2017 年 12 月 27 日、奈良社長は就任会見で
「乾坤一擲」の４文字を掲げた

ていた。取締役会で、役員たちが、なぜ奈良に社長就任を依頼したのかの答えが冒頭から伝わってきた。奈良は会見当日に、所属していた日本教育公務員弘済会群馬支部を退社したことを明かし、一枚のボードを取り出した。そこには「乾坤一《けんこんいっ》擲《てき》」という言葉が書かれていた。

乾坤一擲。

中国の故事成語で、「乾坤」は天地を意味し「一擲」は、賽（サイコロ）を投げることを指す。総じて、「運命を天に任せて、のるか、そるかの大勝負をする」という解釈となる。職場の仲間たちは、安定した職場を離れて未知なる場所での大勝負に出る63歳の同僚・奈良にエールを届け、戦場へ送り出した。

「私は今回、ザスパの社長を引き受けるにあたり、所属していた会社を12月付けで退社しました。その仲間たちが食事会を開いてくれまして、この**『乾坤一擲』という言葉をいただきました。これは運命をかけて大勝負するという意味であります。これはまさに私の人生にとって、人生最後の大勝負となります。**そしてザスパにとっても大勝負の年となります。この気迫、覚悟を持って、ザスパ再生へ向けて、全力で取り組んでいきたいと思っております。そんな気持ちでおります」

そして、奈良社長は「団結」「笑顔」「J2復帰」という3つのチームビジョンを示してみせた。これらのビジョンは、再起をかけるチームの目指すべき指針。スタジアムでザスパの試合を観ながら感じていたことを、3つの言葉に落とし込んだ。本来は、笑顔であふれるはずのスタジアムがなぜ怒りに包まれているのか。なぜ、クラブとチームとファン・サポーターが一致団結できないのか。シンプルだが、その答えを追求すること

布啓一郎監督（中央）、飯田正吾強化本部長（右）とともに
2017年12月27日の社長・監督就任会見

がチーム再建の鍵になる気がしていたという。

「一つ目は『団結の力』です。いま一番、大事なのは今こそ、県民、サポーター・ファン、スポンサー、監督、選手、フロントが方針や課題を共有し、同じ方向を向いて力を合わせること。それが、私が考える『団結の力』です。そして、私が団結の中心となります。常にチームの実態や課題を把握し、今の課題は何かを突き止め、クラブの真実を私の言葉で伝えます。クラブの意思決定の過程も、直面する課題も明確に示し、課題を共有し、納得していただいた上で皆さんの力を貸してほしいと思っております。その全体をまとめるのも私の仕事の一つだと考えています。『団結の力』をチーム運営の大きな力にしたいと思っております」

2つ目の言葉は「笑顔」だ。

「団結をもとにして『信頼の笑顔』を作りたいと思います。**サッカーを通じて県民が集い、選手の懸命なプレーに声援を贈る。それは笑顔と信頼で結ばれた絆のもとだと思います。**信頼が皆様の笑顔を呼び、チームを一つにさせます。私は、真実を語ることで信頼を得ていきたいと考えております。『信頼の笑顔』。これが、私が約束する2つ目の言葉です」

「J2復帰」という3つ目の言葉は、チームに課せられたミッションだった。

「『団結』と『笑顔』。この2つを実行することによって、必ずJ2へ戻れると信じております。それが私たち役員、そしてクラブの責任です。私たちは1年で、J2へ戻らなければいけません。このまま埋没していくわけにはいきません。県民、ファン、サポーター、スポンサー、株主の皆さんのすべての力を集結して、この1年を精一杯戦っていきたいと考えております。ぜひ、皆様のお力をお貸しください。皆さんの力があれば、ザスパ、そして群馬は復活します。そしてその勢いを持って、さらに上へ駆け上がります。**いま、目の前にある試練は、ザスパがさらに成長し、輝くために必要な試練であると考えております。**だからこそ、皆さんのお力を貸してほしい。『J2復帰』へ向けて全力で戦うことをお約束いたしまして、私の就任あいさつに代えさせていただきます。どうぞ、皆様、お力をお貸しください」

ザスパは2018年1月20日、前橋フットボールセンターでシーズンの初練習を行った。奈良社長、布監督のもとJ2復帰を目指すザスパの選手たちは、士気高くピッチに足を踏み入れた。練習場には約300人のファン・サポーターが訪れ、新生ザスパの船出を見守った。

2018 年 1 月の初練習。奈良社長は
「ファンとチームの間に“ネット”はありません」
と語り、練習がスタート

全員がグラウンドに揃うと、奈良社長の先導で、監督、選手たちがグラウンドに整列した。そして奈良社長がファン・サポーターへ向けて、始動のあいさつを行った。だが、目の前にはグラウンドを囲う防護ネットが存在した。ネット越しの対面に違和感を感じた奈良社長は即座に、ファン・サポーターをグラウンド内へ入れることを提案したが、グラウンド規則によって実現できなかった。奈良社長は「いまここには**ネットがありますが、これは物理的なもの。私たちと、ファン・サポーターとの心の間にネットはない**と考えております。クラブ、チームが一丸となって戦っていきますので、ぜひともお力をお貸しください」と深々と頭を下げた。ファン・サポー

2018年1月に実施された必勝祈願
奈良社長は「J2復帰」を祈願
Jクラブ経営への挑戦がスタートした

ターからは自然と拍手が巻き起こった。

「あのあいさつは、**事前に用意していた言葉ではありません。ネット越しのファン・サポーターを見ての直感**です。これまでのクラブは、知らず知らずのうちに、ファン・サポーターとの間に見えないネットを作ってしまっていたのかもしれません。ファン・サポーターの信頼を失ってしまった原因は、こちらにあると受け止めて、自分たちが変わっていかなければいけないと感じました。サッカークラブは試合の勝敗が注目されますが、会社としてはサービス業です。消費者を大切にしない会社が生き残れないように、ファン・サポーターの声に耳を貸さないチームは見放されてしまいます。Jリーグという看板にあぐらをかいて、殿様商売をするような会社であってはなりません。**企業として、地域に認められることが再生の一歩だと強く感じました**」

こうして、元高校サッカー名将・奈良社長のJクラブ経営への挑戦はスタートした。

奈良先生はサッカーの世界に生きる真の勝負師です

前橋育英高サッカー部監督
山田耕介

私が1982年に前橋育英サッカー部監督に就任したときから、奈良先生は良き先輩であり、ライバルでした。全国高校サッカー選手権の切符は群馬県に1枚しかありませんので、前橋商、そして奈良先生を倒さなければ選手権に出場することはできません。私は、どうすれば前橋商に勝てるかを常に考えていました。サッカー関係者の食事会では、奈良先生の振る舞いを観察していた記憶があります。盗めるものはなんでも盗んでやろうと考えていました。その意味では、私が一番の奈良マニアかもしれません。

前橋商は縦に速い、パワフルなサッカーをしてくる印象がありますが、実際は細部までしっかりと訓練された攻守のバランスの良いチームでした。そして、タフです。前橋商は1988、89年度に2年連続で全国ベスト4へ進出しましたが、あのチームをみたとき生半可な気持ちでは勝てないと覚悟を決めました。それからは互いの選手たちの闘志がぶつかり合うゲームが多く、サッカーという名のケンカでした。あの戦いによって前橋育英は強くなれたと確信しています。

私たちは2013年からザスパのクラブアドバイザーを務めており、奈良先生の提案によって2017年末に元市立船橋・布啓一郎監督をザスパへ呼ぶことになりました。その直後に、奈良先生がザスパの社長になることが決まったのですが、私自身も

J3に降格したザスパを救えるのは奈良先生しかいないと思っていました。チーム低迷と経営難の二重苦の会社を背負っていく姿に男気を感じました。

奈良先生の素晴らしさは、責任感と統率力だと思います。そして、常に謙虚な姿勢で学んでいます。おおらかさと厳しさを備えた人ですが、信念は決して揺らぎません。ザスパでの就任1年目は残念ながら結果を残すことができませんでしたが、2年目は布監督をしっかりとサポートして見事J2復帰を果たしてくれました。サッカーの監督だけではなく、経営者として結果を残したことに感服します。人徳のある奈良先生だからこそ、成し遂げられた快挙だと思います。

奈良先生は前橋商を異動したあと管理職になったためしばらくサッカーから離れていましたが、ザスパの社長になってから本当に生き生きとしているように感じます。前橋商時代を思い出しました。奈良先生のJリーグでの活躍をみて、私自身も大きな刺激をもらいました。やはりサッカーの世界に生きる勝負師なのだと強く思いました。結局、奈良先生はサッカーが大好きなんです。

山田耕介 (やまだ・こうすけ)

1959 年長崎県雲仙市 (旧南高来郡国見町) 生まれ。島原商―法政大。大学卒業後の 1982 年に前橋育英 (群馬県) へ社会科教諭として赴任。 同時にサッカー部監督就任。2017 年度第 96 回全国高校サッカー選手権で、就任 36 年目にして初の全国制覇。全国高校サッカー選手権に 23 度の出場を果たしているほか 70 人以上のプロ選手を育てている。前橋育英高前学校長 (現学監)。J リーグ・ザスパクサツ群馬の強化育成アドバイザーも務める。

第2章　元高校サッカー名将の会社改革

毎朝のチャイム

元高校サッカー名将によるクラブ改革は、２０１８年1月から始まった。前社長の任期の関係もあり、正式な社長就任は2月1日からだったが、チーム始動に合わせて年明けから出社することになった。

大学卒業から27年間は、前橋商業でサッカー部指導の体育教師としてジャージ姿で学校へ通った。サッカー指導を離れたあと、定年までの約10年間は、高校管理職としてネクタイを締めたが、スーツ姿が似合っていないのは自分が一番わかっていた。

教員定年から3年間は、日本教育公務員弘済会群馬支部で現役職員の支援を行っていたほか、育英大学の特任教授として週に数回、授業を受け持っていた。そして、趣味として各カテゴリーのサッカー観戦を楽しんでいた。

余生を気ままに楽しんでいた元教員が、まさかのＪリーグクラブ社長に就任し、毎朝午前９時過ぎにスーツ姿で出社するという新しい生活。サラリーマン生活を経験したことのない奈良社長は、Ｊリーグクラブ・ザスパという民間企業がどんな組織なのか興味深かった。教員になって初めて学校に向かうような高揚感と緊張感が入り混じっていた。

「社長を引き受けるかどうかに関しては悩みましたが、やると決めた以上は、後戻りはできません。人生最後にして最大の勝負だと覚悟を決めたのです。私自身もこの年齢になって新たな活力をいただきましたので、Ｊリーグクラブ社長という仕事に全身全霊で取り組むしかないと決めていました」

しかしながら奈良社長のワクワク感とは裏腹に、会社は疲弊していた。Ｊリーグクラブ・ザスパを運営する株式会社ザスパは社員約15人の中小企業。選手たちは社員ではなく、契約プレーヤー。チーム運営の実務は、社員らが担当し、試合運営や営業活動を行っている。当時のオフィスは、公社施設のひと部屋を善意で間借りさせてもらっていたが、陽光の届かない場所だったこともあり、どんよりとした雰囲気が漂っていた。外からは、ザスパの「ザ」の字もみえない場所。設備は整っていたがJリーグクラブのオフィスとしては、やや閉鎖的で、もの寂しさがあった。

社員の表情は一様に冴えなかったという。J3降格の余波を受けて経営状況が著しく悪化していたのに加えて、前体制の幹部がすべて辞任したことで、残ったスタッフたちは批判をダイレクトに受けて、数々のクレーム処理に追われていた。また、前年度の混乱によって経営判断が止まったことで新シーズンの準備が大幅に遅れ、山のような業務が各担当者の動きを圧迫していた。

奈良社長はそれでも違和感を感じずにはいられなかった。勤務開始の午前9時半にスタッフの多くが不在だった。社員たちは連日のように深夜まで業務をこなしていたため、フレックスタイムを利用しての時差出勤が恒例化していたのだった。その様子に、奈良社長は不安を感じ得なかった。奈良社長の目には、社員たちの「縦・横・斜め」のつながりがみえなかったという。上司への「縦」の報告、同僚との「横」の共有、関係者との「斜め」の連絡。一人ひとりの能力は高く、それぞれが一生懸命に働いていたが、組織ではない気がした。

「私は教員だったので、38年間、チャイム生活を送ってきました。学校では毎朝、職員室で15分ほどの朝礼があり、その日の連絡事項をみんなで共有して、教室へ向かっていました。そして教室でも毎朝、生徒たちと朝礼を行い、1日の流れを確認して授業が始まるわけです。先生たちが職員室に来ないで、勝手に授業へ行くことは決してありません。学校とJリーグクラブの仕事は違いますし、**時代や働き方が変わっているのは理解できますが、『時間の管理』と『縦・横・斜めのつながり』が薄い**ような印象を受けたのです」

社長就任後の初めての仕事は、「朝礼」だった。「ピ・ピ・ピ・ピ・ピー」。社内では、奈良社長のスマホのアラームが「チャイム」となっている。午前9時半にアラームが響くと、朝礼が始まる。まさに学校のチャイムだ。それを就任から、毎日続けている。社員たちは、午前9時すぎに出社し、それぞれのデスクで準備を進めながら、チャイムが鳴るのを待つ。

多くの企業にとって朝礼は当たり前かもしれないが、ザスパには長い間、その仕組みがなかった。朝礼の有無に関しては会社や経営者の方針であり、そこに正解はないと考えられるが、「無」を「有」にするには労力を要する。当然、それに拒否反応を示す者が出てくる。それは組織にとっては、やむを得ないことでもある。毎朝の朝礼をスタートした奈良社長は朝礼冒頭で、社員全員に1日の行動予定を発表させたあと、自らが2〜3分間話した。多くの企業にとっては普通かもしれないが、組織の土台から作っていく必要があった。

「行動予定の発表は、**社員の行動管理が目的ではなく、組織としての作業効率化**が狙いでした。同じ方向に出かけるスタッフがいれば、仕事を頼むことができますし、困っている社員がいれば、社員同士でアドバイスを送ることもできます。また、朝礼で予定を話すことになれば、前日までに予定を立てておく必要があります。**行きあたりばったりの仕事でなく、それぞれが計画を立てて行動することで会社の質が高まっていく**と考えていました。行動予定は、それぞれがメールで私に送信する方法もあるでしょう。ただ、私はフェース・トゥ・フェースを大事にしたかった。情報は文字で伝わりますが、社員の表情はメールではわかりません。**話しぶり、言葉の強弱によって、社員の状況を把握するのも管理職の役割**だと感じています」

時間管理は徹底した。学校は、チャイムどおりに授業が進んでいくが、ザスパでの時間は曖昧だった。会議スタートの時間に社員が集まらず遅延することもたびたび。プロサッカーの試合は時間厳守。試合中継などの関係で分刻みでの進行が要求される。そんな世界で事業を行っているのに、会議の時間にルーズではいずれ大きな失敗につながる可能性もある。またスポンサー企業への訪問で非礼が出てしまうかもしれない。奈良社長は、時間きっかりに会議を始めて、遅れてくる社員に「遅刻」を認識させた。奈良社長は、前橋商サッカー部時代、「**勝利の神は、細部に宿る**」と選手たちに伝えていた。会議時間は細かい部分かもしれないが、会社の文化を作っていくためにも譲れなかった。

「時間の管理は、社会人の基本。遅れてくる社員を待ってから会議を始めていれば、その社員に謝罪の気持ちが生まれない。**小さな意識変化の積み重ねが会社を変えていく唯一の方法**だと考えていました」

さらに取締役の提案によって、朝礼内での「あいさつ復唱」にも取り組んだ。「いらっしゃいませ」「ありがとうございます」「きょうもよろしくお願いします」……、社員全員が、お辞儀をして、あいさつを復唱した。奈良社長は率先して、声を張り上げた。

奈良社長の右腕として改革に取り組んだ常勤取締役の真下は「最初に会社に来たとき、驚いたというのが実際のところです。普通の会社であれば普通にやっているはずのことが、形になっていませんでした。サッカークラブは一般企業とは違いますが、あいさつから取り組む必要があるのではと、社長に提言させてもらいました」と話す。

これは、声を出すという行動自体が目的ではない。Jリーグクラブはサービス業。社員たちに、スポンサー・ファン・サポーターの存在の大切さを再認識させるための発案だったが、社員たちの中には異論を唱える者もいた。「ここは学校じゃない」「あいさつ

2018年2月の新体制発表会
スポンサーの前で出陣式を行った

の練習をするために、ここで働いているわけじゃない」「復唱が、Jリーグクラブに必要なのか」「なぜ『いらっしゃいませ』を言わなければいけないのか」……。あきらかな拒否反応を示す社員もいた。だが、一人、二人と社員の意識が変わっていくと、会社の空気は少しずつ変わっていった。そうなると改革に乗り遅れた社員たちは居場所を失っていったという。

「サッカー部員がつらいから辞めると言い出したら、止むを得ない事情がある場合を除いて、私は一人の教師、指導者として退部を止めさせます。逃げ出すことを認めてしまうと、癖になってしまいます。部員の将来を考えれば、つらくても耐えることを教えなければいけないという使命感がありました。ただ、会社は違います。社長、社員は立場こそ違いますが、自立した社会人です。**給与をいただいて仕事をしている以上、会社の業績向上のために行動する責任があります。**理念や方針に賛同できないのであればお互いにとって不利益になるので、話し合いの場を持たなければなりません。会社はアマチュアではなくプロフェッショナルの集団です。そのチームが日本一を目指そうとしているのに、一人だけ違う方向を向いていればチームの一員にはなれません。社員が退職を考えているのであれば基本的に引き止めることはありません。**会社は学校とは違って、営利を目的とする法人。その延長上に社員教育がある**と考えています」

無敵経営

社員側には戸惑いもあった。会社が傾きかけている状況下で、元前橋商サッカー部監督がやってくる。前橋商時代は鬼軍曹として、その存在が広く知れ渡っていただけになおさらだった。

最古参・入社14年目のスタッフ高田和宏（現事業本部長）は「前提として、奈良社長が来たときは会社全体が疲れ切っていました。チームがＪ３に降格してスポンサーさんやサポーターさんの信頼が薄れていっている中で、前社長、前ＧＭ、前監督ら経営幹部全員の辞任が決まっていて、社内の指示系統がまったく機能していませんでした。だれの決裁を取ればいいのかわからないまま、大事な業務がすべて先送りになっていたのです。会社がなくなれば自分たちも仕事を失ってしまうので、不安しかありませんでした。ちょうど同じくらいの時期にＶ・ファーレン長崎が『ジャパネットたかた』の支援を受けて創業者・高田明氏が社長に就任しました。高田明氏が大企業の経営者であるのに対して、奈良社長は高校サッカーの監督です。社長を引き受けてくれたことはありがたかったですが、正直、救世主とは思いませんでした」と、苦笑いを浮かべながら当時を振り返る。

しかしながら奈良社長が、クラブのため社員のために行動しているのを皆が理解してからは、社内の雰囲気が変わっていったという。高田は「奈良社長は仕事に関して厳しい人ですが、**社員の話にしっかりと耳を傾けてくれて、判断を下してくれると同時にその責任も背負ってくれます。**それは社員にとって一番ありがたいことです。**問題が生じたときは全体のバランスを見て、うまく調整を計ってくれています。**社員が働きやすい環境を作っていてくれたのです」と、裁きぶりを話す。

高校サッカー監督時代は、妥協なき姿勢で勝利のみを追求したが、いまは敵を作らない戦いを選択する。無敵経営。無敵とは強さを誇示するのではなく、敵を作らないこと。奈良社長の経営の原点の一つには、「無敵」がある。

会社の財産は「人」

奈良は強い覚悟で会社のハンドルを握った。

「改革をする上で逆走は許されません。はっきりと言ってしまえば、私たちは、ファン・

サポーター、スポンサー、地域から一度見放されてしまったのです。生き残るためにはサッカーチーム強化だけではなくて会社としても全面的に見直さなければいけない状況でした。新体制になるということは、旧体制を変えるということ。現実をしっかりと受け止め、それまでの考えや行動を見直して、変えるべきところは変えていかなければなりません。坂道を下がってしまっている車を再び上へ走らせるには、グッとこらえる労力が必要なのです。**Ｊリーグクラブは、目に見える商品を扱っているのではなく、目に見えない価値、夢を届ける会社。それを伝えていくのが社員の役割**であります。いまは商品を売る会社であっても、それだけでは生き残れない時代。その商品に想いやストーリーを、付加価値として加えていく必要があるのかもしれません。時代は、移り変わっているのです。しかしながら社内改革は、私ひとりではできません。その概念から考えれば、**うちの会社の財産は『人』。会社を良くするためには、社員一人ひとりが変わっていかなければならなかった**のです」

奈良社長の本気度を示す場面があった。就任早々、群馬県内の経営者、行政関係者が集まった、とあるパーティーで周囲から「ザスパは結局、変われないのではないか」「甘い部分があるのではないか」という声が聞こえてきた。それらの声を聞いた奈良社長は、その場では笑顔で応じていたものの、身内だけが集まった二次会の席で悔し涙をみせた。奈良社長は「**社員たちは、必死になって頑張っている。それが伝わっていないことが悔しい。なんとかしなければいけない**」とまぶたを腫らした。これが、奈良社長が就任後にみせた初めての涙だった。

奈良社長は、「変革」の難しさを知っていた。長いサッカー指導生活で多くの失敗も経験した。教育の世界では一般的に、前例という言葉が使われることがある。新しいことに取り組むときには、「前例がない」という言葉に跳ね返されることも多いようだ。挑戦にはリスクが伴い、そこには大きな責任が発生する。教員の世界に限らず日本という社会は、一度の失敗が命取りになったり、チャレンジすることよりも失敗しないことが評価される傾向があったりするが、奈良社長はそれに違和感を感じていた。前橋商サッカー部監督時代は、チャレンジする生徒たちを叱咤激励し、リスクを怖がらず勝負していくことの重要性を伝えていた。
　奈良社長自身、ザスパ社員の心境は十分に理解していた。民間出身の人材が、公募によって学校校長になるケースがあるが、多くはうまく進んでいかない。元教員が、民間企業社長になるという逆のケースだが、一筋縄ではいかないのは折り込み済みだった。実際、奈良社長の提案に対して、真っ向から反論し、変化を拒む社員もいた。それは教育現場では味わったことのない経験だった。奈良社長は就任早々、朝礼でこんな言葉を社員に伝えた。

「変わることにはリスクが伴う。しかし、変わらなければもっと多くのリスクが伴う」

　アメリカの伝説的宇宙飛行士ジョン・ヤングの言葉とされる。ジョン・ヤングは１９６５年に初の宇宙飛行、１９７２年にはアポロ16号の船長として月面着陸に成功、月面を歩いた人物だ。未知なる宇宙で様々なアクシデントに遭遇しながらも適切な状況判断で危機を回避、宇宙開発史に大きな足跡を残している。奈良社長は、ジョン・ヤングの言葉が今の会社、社員に必要と考えて朝礼で伝えた。

会社はいま厳しい状況だ。厳しいどころか存続の危機だ。崖の淵に片手でぶらさがっているシチュエーションで、判断を誤れば、そのまま谷底へ落ちてしまう。何もしないまま、その状態でじっと耐えるか、這い上がるためにリスクを冒して気力を振り絞るか。答えを出すのは、社長ではなく社員。そのためのヒントを提示する。

奈良社長が大切にする言葉に「コウドウ」というものがある。行動、考動、口動。社員自らが、考え、それを言葉で発して、実行することを求めた。会社改革は、社員改革にほかならなかった。

「自分で考えてコウドウできる社員になってほしいのです。あいさつの復唱も『いらっしゃいませ』に違和感があるのであれば、文句だけを言うのではなく、ほかの言葉やアイデアを提案してもらえれば、それに対してみんなで考えることができます。私のスマホの〝チャイム〟で動くのが嫌であれば、自分たちでチャイムを設置してもらってもいいですし、チャイムの代わりになるものを持ってきてもらっても構いません。**私はすべ**

てを押し付ける気持ちはまったくありません。むしろ、社員たちからの提案を待っているのです」

なぜハシゴができたのか？

奈良社長は、毎日の朝礼で、偉人や経営者らの言葉を社員に伝えていくことにした。教員時代から、名言・格言などを心に留めていた奈良社長は、自身のノートや書籍などをあらためて見直して、ファイルにまとめた。そして、会社の状況に応じて、言葉を選び、社員に発信した。そして、その日の言葉は、若手社員に頼んで社内の壁に掲示した。就任当時の「今日の言葉」はこんなものだった。

「お客さんというのは君が居なくても生きていける。でも君はお金を払ってくれるお客さんが居ないと生きていけない」（経営学者ピーター・ドラッカー）

「変化とは社会の法則である。過去と現在しか見ない人は確実に未来を見失う」（元アメリカ大統領ジョン・F・ケネディ）

「過去に正しかったことが未来でも正しいでしょうか。過去にこだわる者は未来を失う」（元英国首相ウィンストン・チャーチル）

当初は「意識改革」を促す言葉が多かったが、しだいに内容は変わっていった。会社、社員に意識の変化が表れると、次の課題はいかに壁を乗り越えるかだった。特に営業活動では多くの困難にぶつかっていくことになる。奈良社長は、社員たちに向けてエールの言葉を送り続けた。

「逆境は最良のスパーリングパートナー」（元イスラエル首相ゴルダ・メイア）

「人格は厳しい状況のもとでこそ計られる」（元南アフリカ大統領ネルソン・マンデラ）

「今日の汗　明日輝く」（元帝京高校サッカー部監督・古沼貞雄）

「打たないシュートは入らない」（サッカー格言）

奈良社長が、次に取り組んだことは「チーム作り」だ。会社の組織図を見直すとともに、個人の集まりをいかにチームにしていくかを考えていった。それは、サッカーチーム作りと同じ作業だった。

「人を大切にする集団は好循環を生み出し、強くなるだけではなく人々に愛され憧れの集団になる」（元ラグビー日本代表・五郎丸歩）

「みんなが一つの目的にむかって力を合わせる。すばらしいことだなあ」（ドラえもん）

「私は、社長ではありますが、もともとは教育者です。この会社で出会った社員たちは、私の生徒だと思っています。彼らには仕事に対して意欲的に取り組んでもらって、人として成長してほしいと思っています。社員の良い部分を伸ばしてあげたいという教育者としての血が騒ぐのです。高校生相手であれば、ダイレクトに叱咤激励をするかもしれませんが、会社ではそうはいきません。私はもともと一端の体育教師ですべてを教えられる器ではありませんので、多くの偉人や経営者の方々の言葉をお借りして、社員に気づきを伝えたいのです。それをどう受けるかは社員しだい。学校のようにテストをすることはありませんので、社員の言動でそれを判断しています。会社は、サッカーと同じチームプレー。いくら個人の能力が高くても規律を守れない選手は起用しません。会社の業務は短期決戦ではなく、長期戦。個人プレーの一つの失敗によって会社が傾くことも考えられます。私は、監督として、会社というチームを強くしていきたいのです」

奈良社長が社員教育を語る時、必ず言及する話がある。それは、「なぜハシゴができたのか」だ。ハシゴは高い場所へ登るときに使用する道具でいまでこそ一般的なものだが、ハシゴがどうしてできたかを考えると本質がみえてくるという。人類の歴史を遡れば、木の上で生活していた類人猿は、地上に降りるため二足歩行に進化した。日本の歴史を辿れば、ハシゴは弥生時代の高床式倉庫に使われていたという資料があり、古くから昇降のために重宝されていたことがわかる。私たちの生活にとけ込んでいるハシゴだが、自然に生まれたものではない。目的を遂行するために生み出されたものなのだ。

「食べ物を得るために高い場所へ登りたい、という強い願望があったからこそハシゴが生まれました。目的があったからこその発明なわけです。偶然にハシゴが出来上がったわけでありません。そう考えると、『私は○○がやりたい』『私は□□になりたい』という意志が大切になるのです。**やりたいことに対して、どうしたら実現できるかを考えることが成長の秘訣です。**ザスパは、２０１９年までＪ３で戦いましたが、どれだけのスタッフが本気で『Ｊ２へ戻りたい』と思っていたでしょうか。『Ｊ２へ戻りたい』『Ｊ１へ行きたい』という目的が明確になれば、そのための計画を立てる必要があります。その場面でハシゴが必要になるのです。**Ｊ１へ行くには、一つのハシゴだけではなく、多**

くのハシゴが必要になることでしょう。それは一人の力ではできません。多くの社員のハシゴ作りを支援することが私の役割だと考えています」

「自ら断崖絶壁の淵に立て　その時はじめてあらたなる風は必ず吹く」（パナソニック創業者・松下幸之助）

「夢なき者に理想なし　理想なき者に計画なし　計画なき者に実行なし　実行なき者に成功なし　故に夢なき者に成功なし」（思想家・吉田松陰）

社長就任から2年間、「今日の言葉」は毎日続いている。奈良社長は、最近は伝えるべき言葉が少なくなったと頷く。それは、社員が確かに成長している証と言えるだろう。しかし、会社は育成機関ではない。社員を育てるのは、企業の価値を高めて業績を残すため。ザスパというサッカークラブの結果と、会社としての経営結果のふたつが求められていた。チームが白星を重ねても、会社が赤字では先へ進めない。Jリーグクラブの再建は、道なき道を切り開く作業だと感じた。

ザスパ維新

「ひと言で表現すれば、Ｊクラブ経営に教科書はありません。多くの経営書や啓発本はありますが、それは参考書です。教員の世界は、文科省が学習指導要領を提示してくれていますし、教科書に沿って授業を進めていくことができます。また、教育委員会という組織があって様々な支援をしてくれますし、状況によっては答えを教えてくれます。困ったときはこれまでの事例をナゾれると感じています。また、生徒の未来を預かることへの大きな責任がありますが、高校３年間ですべての結果が求められるのではなく、大学や社会にバトンを渡すことができるのです。例を挙げれば、高校時代に選手の才能が開花しなくても、大学で結果を残し、Ｊリーガーになることができます。高校時代にもし勉強ができなくても心の部分を育ててあげれば、社会に出てから活躍するかもしれません。そのため教員は、将来を考えた指導ができると考えています。しかしながら、企業経営に、猶予はありません。ザスパの場合、チーム、経営ともに1年での結果が求められていました。**預かったバトンを持って、短期、中期、長期のゴールを目指さなければ、破綻してしまう可能性がありました。これは、教員の世界とはまったく違うものでした。企業として結果が求められているのです。**それは私にとっては初めて経験する恐怖でした」

2019年夏、ザスパは前橋市中心商店街のオリオン通りアーケード街に本社ビルを移した。かつて多くの人たちが行き交う場であった中心商店街は、郊外の発展などによってゴーストタウンとなっていた。それは全国県庁所在地で最低と言われるほどの荒廃ぶりだった。前述の公社施設の改修工事に伴い、移転を余儀なくされていた会社は中心商店街の空き店舗に会社を移すことを決定。奈良社長は、お昼休みに近隣の定食屋やレストランを巡り、名刺を配りながらチーム支援を呼びかけている。ザスパは地域企業として新たな一歩を踏み出している。

「組織は必ず変わる。ザスパ維新を起こしたい」（ザスパクサツ群馬社長・奈良知彦）

江戸時代後期、吉田松陰は時代を変えるために行動し、その教えを学んだ弟子たちが思想を継承し、明治維新を成し遂げた。奈良社長は高い志を掲げて、令和の「ザスパ維新」に乗り出していった。

高校時代に返せなかった恩をザスパのプレーで返したい

ザスパクサツ群馬
清水慶記

僕たちの代は、奈良先生の前橋商としての最後のチームとなりました。小学生のときに県営サッカー場で前橋商対前橋育英の試合を観戦し、僕が所属していた前橋ジュニアの先輩たちが白黒のユニフォームで戦っていたのをみて、自分も前橋商でプレーしたいと思いました。奈良先生からは、人としての土台を築いてもらった気がしています。僕らのときにはだいぶ落ち着いていまして、それほど怒られた経験はありませんが、練習を見ているときの存在感やオーラがすごく、近寄り難いものがありました。奈良先生がいるときと、いないときでは練習の緊張感がまったく違いました。

1学年40人の計120人の大所帯の中で、試合に出られないときにチームのために何ができるかを考えました。また、試合に出られるようになってからは、ベンチ外の選手たち100人の気持ちを思いながらプレーしました。GKは一つしかないポジションで、大宮アルディージャ時代には、試合に出られず悔しい時間が続きましたが、前橋商時代の経験と奈良先生の厳しい教えがあったからこそ、チームの一員としての役割を果たせたのだと思います。

2年生のときには全国高校サッカー選手権に出場し、2回戦へ進出しました。3年生のときには、奈良先生の最後を飾るにふさわしい結果を残したいと思っていましたが、選手権予選で負けてしまいました。全国の舞台へ連れていってあげられなかったことが大きな心残りです。

僕は2016、2017年にザスパでプレーしました。2017年にはチームがJ

3へ降格してしまい、僕は契約上の関係でザスパを離れることになってしまいました。チームを降格させたままになってしまって申し訳ない気持ちだったところで、奈良先生がザスパの社長になりました。大変な状況の中で大役を引き受けた恩師の姿をみて、前商魂を感じました。

２０１９年の最終戦はネットで観ていました。ザスパが昇格を決めたあと、奈良先生が選手たちの円陣に向かって走っていくシーンが特に印象に残っています。フロントを含めて、一つのチームだったのだなと思います。そして２０２０年は、奈良先生のもとJ2に昇格したザスパでプレーさせてもらう機会をもらいました。奈良先生と松本大樹強化本部長という前橋商の縁に感謝しています。久しぶりに会った奈良先生が、クラブの社長として、選手、スタッフたちに優しく接しているのをみて、少し不思議な感じがします。僕の中では、監督であり先生なので（笑）。

ザスパにとって3年ぶりのJ2ですが、奈良先生は初めての場所。高校3年生のときに恩返しができなかったので、そのチャンスをもらえたと思っています。奈良先生に一つでも多くの勝利を届けて、恩返しをしたいと考えています。

清水慶記（しみず・けいき）

1985 年群馬県前橋市生まれ。前橋商—流通経済大—大宮アルディージャ—ザスパクサツ群馬—ブラウブリッツ秋田—大宮アルディージャ—ザスパクサツ群馬。前橋商で奈良知彦監督が指導した最後のチームの GK。大学卒業後にプロ入りし 13 年目。２０２０年は、恩師・奈良社長のもとでプレーしている。

第3章　義理人情社長、就任1年目の完敗

喉元に出刃包丁　それでも現場を信頼する

社長就任1年目のJ3シーズンは、冷や汗がしたたり落ちるような試練が待ち構えていた。2018年3月11日、奈良社長にとって初めてのシーズンが開幕した。Jリーグクラブの経営は、フロントとチームの両輪が同時に動いていかなければならない。会社の業績が上がっても、チームが成績を残せなければクラブは先へ進めないのだ。逆にチームが勝ち続けても収支が悪ければ、クラブは片輪走行になり、その場でくるくると回るだけになる。

試合結果は、戦力に加えて、天候やケガ人など様々なアクシデントに左右されるだけに、最後は運を手繰り寄せることも必要だ。そこがJリーグクラブ経営の難しさでもある。勝負の世界の厳しさを知る奈良社長は、フロント体制をじわじわと固めながら、開幕への気持ちを高めていった。

前橋商サッカー部で27年間指導し、全国高校サッカー選手権で2度のベスト4入りを果たした百戦錬磨のサッカー狂・奈良社長だが、チームには一切、口を挟まなかった。自身が招へいしてきた元市立船橋指揮官の布監督と、飯田正吾強化本部長に現場をすべて預けて、自らは指揮官を支える立場を貫いた。時折、練習やテストマッチの見学に来ていたが、見終わったあとはコーチングスタッフと話すこともせず、そそくさと現場を後にした。

　チームを指揮するのは監督であって、社長ではない。社長が現場介入することは絶対にあってはならないという強い信念があった。「船頭多くして船　山へ登る」。こんなことわざがあるように、船頭が増えればチームが迷走することは世の常、それは奈良社長自身が一番に理解していた。奈良社長は、布監督に絶対的な信頼を置き、フロント側とチーム側の二人三脚で難局へ立ち向かっていった。「布さんであれば絶対にJ2復帰を成し遂げてくれる」。そこには、ふたりにしかわからない固い絆が存在していた。

Ｊ３に降格したザスパは、１年でＪ２に復帰しなければならない経済的理由があった。Ｊリーグは各クラブに放映権などの配分金を支給しているが、ザスパが２０１７年まで属したＪ２の年間配分金は１億５０００万円。それに対してＪ３は３０００万円。ただし、Ｊ３に降格した翌年にはクラブ経営安定措置として救済金９０００万円がクラブに届くことになっている。

ザスパはＪ３降格１年目の２０１８年は計１億２０００万円の配分金が保証されたが、１年でＪ２に戻れなければその翌年は救済金がなくなるため配分金は３０００万円のみとなる。２０１８年のザスパ総予算は4億６０００万円を想定していたため、単純計算でそこから救済金９０００万円が引かれることになる。それはクラブにとって死活問題。奈良社長は、喉元に出刃包丁を突きつけられたような心境で開幕を迎えたのだった。

「例えば20億円の予算のうちの９０００万円であればなんとかなるかもしれませんが、

うちの場合は5億円弱の総予算のうちの９０００万円。予算の2割削減がどれだけ大変なことになるかは想像に難くありません。普通の会社であればリストラの嵐となるかもしれません。ザスパの社長がどれだけ大変かは理解していたつもりでしたが、いざ現実を突き付けられると冷や汗が出てきました。とにかく1年でＪ2に戻るしかない、という気持ちだけでした」

自然とこぼれた涙　共に戦った証

２０１８年の開幕戦でザスパは、天国から地獄へ堕とされた。Ｊ3初陣となったザスパは試合開始わずかの前半7分で先制ゴールを決めて、格好のスタートを切った。「Ｊ3、恐るるに足りず」「これなら、イケる！」。ファン・サポーターの多くが1年でのＪ2復帰への期待を膨らませた。しかし、悪夢が待っていた。後半に相手の反撃をもろに浴びると、1対2で痛恨の逆転負け。重苦しい雰囲気で帰路につくと、チームは開幕5試合で1勝1分3敗と大きく黒星が先行していく。ザスパは夏場の折り返し付近(8月26日)で17チーム中7位、J2昇格圏の2位から大きく引き離された。

低迷の要因の一つは、チーム戦力がJ3の戦いにマッチしていなかった点が挙げられる。2017年末の会社体制の混乱によって2018年度の戦力補強の責任が曖昧になり、布監督が求めた選手が獲得できていなかったのだ。奈良社長は、布監督からの要望を受けて夏場の戦力補強を許可し、最大限の後方支援を行った。夏場以降に進撃をみせたザスパは、著しく順位を上げて昇格圏へ迫った。布監督は、「堅守速攻」の信念に基づく粘り強い戦いで、少ない得点を死守。2位・鹿児島を射程圏内に捉えていく。

だが、シーズン終盤で迎えた大一番・首位FC琉球戦に2対4で敗れて意気消沈すると、手負いのチームには、けが人や出場停止選手が続出。勝ちきれないゲームが続くことになる。そして、負ければ事実上の終戦となる残り2試合目の33節、敵地での藤枝戦を迎えた。敵地のスタジアムには500人以上のファン・サポーターが集結、奇跡を信

2018 年 33 節敵地藤枝戦で敗れ、昇格が事実上消えた
奈良社長は涙ながらにサポーターへ挨拶した

じて声をからした。しかし、無情にも0対1で敗北、1年目での昇格は消えた。ザスパはこうしてJ3留年となった。

敗戦直後、奈良知彦社長は悔しさを堪えながら、拡声器でサポーターへ感謝の言葉を伝えた。「みなさんの声援のおかげでここまで戦うことができました」。沸き起こるサポーターからの激励の拍手に、奈良社長の目には自然と涙がにじんだ。その姿をみて、ファン・サポーターも思い切り泣いた。それは共に戦った証だった。

クラブの歴史で、これほどまでにファン・

サポーター、スポンサーに寄り添った社長がいただろうか。元高校サッカー名将は、ザスパ社長就任直後からツイッターでこまめにメッセージを送り、喜び、悲しみをサポーターと共有した。観戦スタンドでは、サポーターと同じくらい熱かった。選手のプレーに一喜一憂し、「よし!!」「やった!!」という声が、関係者席にひと際響いていた。勝って喜び、負けて肩を落とす姿は、社長の肩書きがなければ、完全に、ひとりのサポーターだった。

「あの藤枝戦は、チームとしてクラブとしての命運をかけた大一番でした。多くのファン・サポーターの皆様の応援を受け、監督、チームスタッフ、選手たちは必死に頑張ってくれました。藤枝までの移動距離であれば、通常は大型バスで移動するのですが、あの試合は布さんから『疲労緩和のため新幹線で移動させてほしい』という要望がありまして、私が快諾しました。大きなクラブであれば簡単な決裁でしょうが、うちにとっては死活問題です。勝てばJ2復帰の可能性がつながったので会社として勝負をかけたのですが、結果は0対1での敗戦でした。私自身も言葉にならないほど悔しくてなりませんでした。監督、選手たちも同じ思いだったと思います。社長である私の役割は、現場ではなく裏方。布監督や選手たちがベストな環境でサッカーに集中できるようにサポートするだけ。その意味では、シーズン中に万全の環境を整えてあげることができず、申し訳ない気持ちでした。この結果は、私の力不足によるものであります。1年間、応援に駆けつけてくれたファン・サポーターの皆さんに申し訳ないと思います。彼らは、限られた時間やお金をザスパの応援に費やしてくれています。**社長になる前は、サポーターがどんな存在なのかわかりませんでしたが、身銭を切って戦いに駆けつけてくれる頼もしい仲間なんだと確信しました。そんな方々を裏切ってしまったと思うと、自然に涙がこみ上げてきました。**試合に負けて泣いたのは、高校サッカーのとき以来のことでした」

奈良社長が就任時に掲げたミッションは

「団結の力」
「信頼の笑顔」

2018 年の最終戦のスタンドではサポーターたちが
「2019 年俺達が昇格する」という横断幕を掲げた

「J2復帰」

「J2復帰」というミッションは果たせなかったが、「団結の力」「信頼の笑顔」は遂行した。それは大きな一歩だ。1年目でのJ2昇格は達成できなかったものの、人情派社長が果たした役割は大きい。

社長就任1年目、チームの成績は17チーム中5位で、収支は3500万円の赤字。来季予算の大幅減額も確定した。完敗。奈良社長は、とてつもなく大きな敗北感を味わって2018年シーズンを終えたのだった。

2018 年の最終戦セレモニー
奈良社長は、ともに戦ったファン・サポーターへ感謝を伝えた

「右も左もわからない状況で社長に就任しましたが、終わってみればチームとしても会社としても結果を残すことができませんでした。私が社長になったときは、すでに2018年度の予算が決まっていて、どうにもならない部分もあったのですが、『乾坤一擲』という言葉を掲げて船出した以上は責任を負わなければなりません。経理の知識がない私ですが、2019年に救済金の9000万円がなくなればクラブがどのような状況に陥るかくらいは理解できます。フロントの予算を最大限削りながらも、チームの生命線である選手予算を減らす以

外に生き残る方法がなくなりました。Ｊ３・２年目で経営規模を縮小せざるを得ない中、どうやってチームを昇格させるか。さらに難しい局面に追い込まれたと感じました。いままでの人生で最大の窮地だったと思います。それでも、あきらめるわけにはいかなかったのです」

習うより慣れろ

奈良は、不退転の覚悟で２０１９シーズンに臨んだ。

奈良社長は毎月1回、「Jリーグ実行委員会」に参加している。Jリーグ全55クラブ（２０２０年度から56クラブ）の社長が出席するリーグ意思決定の審議機関だ。

ザスパの新人社長は、２０１８年2月の社長就任から毎月、東京都文京区の日本サッカー協会ビル内のJリーグ事務所へ足を運び、チェアマンのメッセージを聴くとともに、

不退転の覚悟で臨んだ2019シーズン
新体制発表会にて

各クラブの社長と意見交換を行っている。

通常はＪ1・Ｊ2・Ｊ3のカテゴリー別で開催されるが、年2回の合同会議には浦和レッズ、鹿島アントラーズ、横浜Ｆ・マリノス、ヴィッセル神戸など日本を代表するＪ1ビッグクラブの社長らが集結、Ｊ3地域クラブの奈良社長も机を並べる。高校教員を定年退職したあと、教育関係の支援をしながら気ままな余生を過ごしていたが、Ｊリーグクラブ社長就任によって、思わぬ事態となっていた。

「教員を定年退職したあとは、いくつかの場所で教育のお手伝いをさせてもらっていましたが、高校サッカー監督、高校校長のときと比較すれば責任も大きくないですし、ふと『これで俺の人生は終わりなんだなぁ』と考えるときもありました。それが、いつの間にかザスパの社長になっていて、Jリーグの大事な会議に参加しているのです。**一歩を踏み出すと、人生の景色は変わっていくんだなあ、**としみじみ感じました」

ヴィッセル神戸の年間予算（2018年度）は約96・6億円、浦和レッズは75・5億円。それに対してザスパは4・6億円。ヴィッセル神戸とのクラブ予算比は20倍以上。奈良社長は、居心地の悪さを覚えた。ちなみにザスパの年間予算（2018年度）は、54クラブ中47位。J3でも、J1若手チームのU−23チームを除く14クラブで7位。この数字をみても、厳しい経営状態が理解できる。教育の世界は平等が良しとされた。だがJリーグは、想像以上の格差社会だった。奈良社長が、こんなところに居ていいのかと思うのが普通だろう。

「ヴィッセル神戸とザスパは90億円以上、浦和レッズとは70億円以上も予算規模が違うのです。ビッグクラブが集まるJ1と、うちが所属するJ3は総予算がまったく違いますので、同じ話を聞いていて良いのだろうかという気持ちでした。またJ1の社長たちは、親会社からの出向社長も多く、バリバリのビジネスマンです。一方、私は定年を迎えた元教師。毎月1回、群馬から東京へ出ていっているものの、完全に場違いですし、何をしたらいいのかまったくわかりませんでしたね」

高校サッカー前橋商サッカー部監督だった奈良社長にとって、１９９３年に誕生したJリーグは別世界だった。当時、奈良社長は前橋商を率いて全国制覇を目指していた。Jリーグ誕生時には、教え子の米倉誠（名古屋グランパス）、服部浩紀（元横浜フリューゲルス）らがピッチに立っていたが、Jリーグは異次元の場所にみえていた。

「当時は一人のサッカーファンとしてテレビをみていました。Jリーグの開幕戦・ヴェルディ川崎（現東京ヴェルディ）対横浜マリノス（現横浜F・マリノス）の試合は、まさに日本サッカーの夜明けでした。ただJリーグができたことで、教え子たちがサッカーで飯を食っていけるようになるということが一番の魅力だと思いました。それまではアマチュアの社会人リーグでしたがJリーグが開幕したことでサッカーが職業になり、子供たちに夢が与えられるのです。日本サッカーの幕開けによって、私たち指導者のやりがいも大きくなりました」

あれから25年、高校サッカー名将は、Jリーグクラブ社長として「Jリーグ実行委員会」に参加している。昭和29年（1954年）生まれの奈良社長は65歳。昭和27年（1952年）生まれのJ3藤枝・鎌田昌治社長に次いで上から2番目。Jリーグ全56クラブ中、元高校サッカー監督は奈良社長と鎌田社長の二人という。

「Jリーグ実行委員会という場所には、最初は戸惑いしかありませんでした。Jリーグは世界を目指すリーグなので、そのためのビジョンや戦略を叩き込まれましたが、正直、右も左もわからない私にはお手上げ状態でした。授業についていけない生徒の心境がよくわかりました。それよりも、2018年2月当時のザスパは、**会社が潰れるかどうか**

の瀬戸際で、そんなときに世界の話を聞かされてもピンとこなかったのです。それよりも、会社が潰れない方法を教えてほしいと思いました。Ｊリーグの華やかな話を聞きながらも、心の中は不安でいっぱいでした。これから、どうなってしまうのだろうかと考え込むこともありました」

高校教師時代は、学校の職員室や会議室で「職員会議」を行った。そのときは、ホッチキスで留められた紙の資料がどっさりと配られた。教員たちはその資料に鉛筆でメモを書き込みながら、学校運営について話し合った。指サックをつけて資料をめくる先生もいたという。民間の企業ではＩＴ化が一気に進む中で、前例重視の教育界はアナログの世界がまだ残っていると言える。

「Ｊリーグ実行委員会」では、社長たちにそれぞれタブレットが配布され、ペーパーレスで会議がテキパキと進行していく。教員時代には想像ができなかったことだ。還暦をとっくに過ぎていた奈良社長は、若い社長たちに操作方法を尋ねながら、画面に流れる資料をぎこちなくスライドしていった。

「私からみれば、Jリーグ実行委員会は、国内最先端のビジネス会議のような印象で、一流企業に就職したかのような気持ちでした。弱ったなあ、元教員がこんな華やかなところにいていいのかな、と不思議に感じましたね。資料は事前にメールで届くのでメモする必要はないのですが、私は教員時代からノートを取る習慣があるため、タブレットの横にノートを置いて必死についていっています。会議内容を全部メモしているのは私だけかもしれません。教員時代にサッカーだけではなくてもっと勉強をしておけば良かったと痛感しました。小さなクラブの社長ですが、**Jリーグで聞いてきたことを社員たちに伝える役割があります。自分が理解していなければ、内容を共有することができません。社員のためにも頑張らなければいけないと**感じています」

当初は気が重かったJリーグでの会議だが、しだいに違和感がなくなっていった。会議では、Jリーグの村井満チェアマンや原博実副理事長が、意見を述べやすいムードを作ってくれているという。教員を定年退職した新人社長は、チェアマンや各社長たちの話に耳を傾けて、地元に戻ってから復習した。「アジェンダ（議題）」「インフルエンサー（影響力の強い発信者）」「エビデンス（根拠）」「コミット（約束）」「ＥＣ（電子商取引）」「ｔｏＣ（消費者向け）」……教員時代では使うことのなかった横文字の意味をスマホでコツコツと調べて資料を見返してみると、理解はより深まった。

「Ｊリーグは、Ｊクラブがアジアチャンピオンズリーグで好成績を収めて、成長した選手たちがワールドカップや海外リーグで活躍することに焦点を当てる一方で、リーグの価値を高めていくことで、アジア、海外進出を進めています。ザスパとは理念や規模は違いますが、物事の考え方やプレゼンテーションの見せ方など勉強になることが多く、新入社員になったつもりで頑張っています。Ｊリーグの事業スピードは想像以上に早く、着いていくのが精一杯ですが**『習うより、慣れろ』の精神で食らいついています。人間は、何歳になっても周辺環境によって成長できる**ことがわかりました」

情熱で紡《つむ》いだプレゼン

Jリーグ実行委員会は、新人社長に大きな刺激を与えた。就任から1年半が経過した2019年7月に「2019シーズン中間報告会」を前橋市民文化会館ホールで実施した。

ザスパは、奈良社長就任1年目の2018年にJ3・5位でJ2復帰を逃している。さらに3500万円の赤字となった。

2019年のチームは7月中旬時点で5位を走っていたが、成績は右肩上がり。一般的にチームが大きく低迷しない限りシーズン中に報告会を開くことは異例。ザスパにとっても初の出来事だった。クラブスタッフによると、奈良社長の強い要望で実現に至ったという。いったいどんな報告会になるのか。会場には満席に近い約300人のファン・サポーターが足を運んだが、皆、興味津々だった。フロント陣とともに登壇した奈良社長はその場でクラブ理念を発表し、短期・中期・長期の経営計画をファン・サポーターに伝えた。

理念再確認、短期・中期・長期の経営計画発表に臨むにあたり、以下のようなプロセスを辿った。ザスパは２００２年に草津温泉で誕生し、群馬県リーグからスタート、関東リーグ、日本フットボールリーグ（ＪＦＬ）の関門を突破して、２００５年にＪ２昇格を決めた。奈良社長は、前橋商サッカー部監督として、地元にＪクラブが生まれたのを喜んだが、深いつながりはなかった。２０１３年からクラブアドバイザーを務めたものの２０１８年の社長就任までは、クラブの内情については詳しくなかった。奈良社長は、クラブの将来的な発展のためには、クラブの原点、歴史を知る必要があると考えた。

1　クラブ誕生時の思いを知る
2　クラブの歴史を学ぶ
3　クラブの強みを理解する

4　クラブの課題を具体化する
5　1～4を踏まえた上で理念、経営計画を作成する

クラブ理念や経営計画は、机上でまとめるものではなく、過去の歴史から生み出されるもの。奈良社長は自分自身の考えをまとめて壇上へ向かった。壇上には、奈良社長のほかに飯田正吾強化本部長、岡田義男本部長らが同席したが、約1時間の報告会のうち50分近くを社長自身が使い、思いの丈を言葉に乗せた。

奈良社長は報告会の冒頭で「本日はお忙しい中、中間報告会にご参加いただきありがとうございます。また、日頃よりスタジアムで熱い応援をいただき誠にありがとうございます。私たちはファン・サポーターの皆様がいなければ、クラブ運営は成り立ちません」と感謝を伝えた。

そして本題へ入っていった。

「まずはザスパの理念ですが、ザスパクサツ群馬というクラブは、草津温泉で誕生しましたが、２００５年のＪ2初昇格と同時に、積雪や環境、スタジアムなどの問題によって、練習拠点、試合場所を前橋市に移して活動を続けてきました。現在は群馬県全域をホームタウンとしております。私たちは『スポーツを通じて夢と活力を与える』というクラブ理念のもと、群馬県全体の発展に寄与し、地域に活力を届けていきたいと考えております。２００２年のスタートから17年にわたり、皆様に支えられてきましたが、クラブとして明確な目標を持って一歩一歩進んでいかなければ、応援者、支援者が減ってしまいます。クラブとして基盤を作り、計画を立てながらクラブ経営を行っていこうと考えています」

奈良社長は、短期・中期・長期の経営計画に言及、２０１９年から2年以内での「Ｊ2復帰」、そしてそこから5年間はチーム戦力、経営基盤を固めてＪ2安定、さらに7年後にはＪ2・3～6位以内のプレーオフ進出を狙うことを表明した。現在チームは、前橋市所有の前橋フットボールセンターのグラウンド、ロッカールームを借りているが、今後はクラブ保有の専用練習場確保、また地域と協力しサッカー専用スタジアム構想に向けて動き出すことも明かした。

「シーズン中でありましたが私が考えていたことを報告会で伝えさせていただきました。これまでのクラブは、経営難やチーム低迷の問題もあり、中期・長期の計画を立てて、その実現に向けて動くことができていなかったのだと思います。そのため最初にJ2昇格した2005年からJ3へ降格した2017年までは、積み上げが少なかったように感じます。毎年、階段を1段ずつ上がっていれば、かなり上の位置に行けたはずなのに、それができていませんでした。焦りから一気に積み上げようとしては失敗して、またゼロからの繰り返しです。**一気に山を登ることを考えるのではなく、時間をかけて一歩一歩進んでいくしかありません。**ザスパは、2005年にJリーグへ昇格したクラブですが、そのあとにJ入りした後発クラブに、順位、観客動員、予算でも次々と抜かれてしまっています。**抜かれて嘆くのではなく、それらのクラブの経営から学ぶ謙虚さを持たなければなりません。**ザスパは小さなクラブですが、群馬県唯一のJリーグクラブとしては大きな可能性を秘めています。私はもう60代半ばですし、将来的に社長が交代したとしても継承してもらえるような、揺るぎない基盤を作りたかったのです」

中間報告会は、奈良社長の情熱に包まれた。そして終了時には、ファン・サポーターから大きな拍手が送られた。洗練されたパワーポイント資料や動画映像を駆使したプレゼンテーションではない。だが、心に残る熱弁だった。義理人情の漢・奈良社長が情熱で紡いだ一つひとつの言葉は、ファン・サポーターの心にしっかりとインストールされた。

奈良先生は僕らのスイッチを入れてくれる最高のモチベーターでした

前橋商サッカー部監督
笠原恵太

僕は高校1年生のときに、2学年上のU－18日本代表ストライカー服部浩紀さんと2トップを組んでいて、服部さんの代わりに相手から削られていました。そのときにファールをやり返すと、奈良先生が「いいぞ、そのくらい気持ちで行け！」と褒めてくれました。

3年生になって同じファールをしていたら「いつまでそんなプレーをやっている

んだ。うまい選手はファールを与えない」とキツく怒られました。また、自分がファールを受けてイライラしていると「うまい選手はファールすらされない。下手だからファールを受けるんだ」と諭されました。学年が上がるごとにハードルを上げて、天狗になっていたかもしれない僕の鼻をへし折りながら成長を促してくれていたと感じます。

大会が近づくと、チームを引き締めるために誰か一人が怒られて、連帯責任で罰走が課せられました。いま振り返ると、すべてが計算されていたと思います。まさに策士でした。非常に厳しい監督だったのですが、ときには遊びを取り入れる優しさがあり、その懐の深さも魅力だったと感じます。僕たちは1989年度の全国高校サッカー選手権準々決勝で、優勝候補・桐蔭学園を倒し2年連続でベスト4に進出したのですが、そのときの情熱的なミーティングがいまでも脳裏に残っています。僕らのスイッチを入れてくれる最高のモチベーターでした。高校3年生のときはインターハイに出場したのですが、選手権予選では1回戦で負けてしまいました。僕は、足の指を骨折していてメンバー外だったのです。雨の泥だらけのゲームで、奈良先生が足の状態を気にしてくれたのだと思います。なんとも言えない、敗戦の思い出です。

大学卒業後は、Jリーグ・コンサドーレ札幌と、ヴァンフォーレ甲府でそれぞれ2年ずつプレーしました。プロの世界で2回の「ゼロ提示」を受けたのも自分の財産です。そのときも奈良先生に報告をしました。そして教員採用試験を受けて、この世界へ入りました。最初の桐生高時代には、奈良先生率いる前橋商と対戦させてもらったのですが、1対9で負けました。試合後に奈良先生から「シュート練習させてもらって、悪かったなぁ」とお灸を据えられました。教員になる前は、大学、Jリーグの経験と知識があったので「何年かやれば優勝できる」と楽観視していた節があったのですが、甘くないことを教えられました。奈良先生からアドバイスをもらっているうちは認めてもらっていないと思っていましたが、結局、越えられないまま奈良先生は勇退されました。一度は勝ちたかったですね。

僕は2014年から前橋商を率いていますが、あらためて奈良先生が築いた伝統の重みを感じています。前橋商の歴史をしっかりと継承して、全国の舞台で勝ち上がるチームを作ることが、奈良先生への恩返しになると思っています。

笠原恵太(かさはら・けいた)

1973年群馬県高崎市生まれ。前橋商―筑波大―コンサドーレ札幌―ヴァンフォーレ甲府。大学卒業後にJリーグで4年間プレー。現役引退後の2000年から教員となる。桐生高、高崎高でサッカー部を指揮し2014年から前橋商監督。高校時代はキャプテンを務めた。

第４章　前商魂のルーツ

サッカーの神様に導かれて

奈良は、１９５４年（昭和29年）に前橋市で生まれた。小学校時代は、校庭で野球やソフトボールをして過ごした。当時、サッカーはまだメジャースポーツではなく、小学校、中学校にもサッカー部は存在していなかった。

奈良は、前橋市郊外の第五中学校に進学した。学校周辺は今でこそ大型ショッピングセンターが完成するなど市街地化が一気に進んでいるが、当時は田んぼや畑が一面に広がる長閑な地域の学校だった。

中学校に入学した奈良は、どの部活に入るか思案した。野球、バレー、バスケット……いくつかの部活を見学したが、門を叩くまでには気持ちが昂らなかった。自身の身長がそれほど高くなかったのも気が乗らない理由だった。

野球部に入るか迷っていたとき、近所の先輩から卓球部に誘われた。軽い気持ちで見学に行き、先輩たちの熱心な誘いもあり、そのまま卓球部へ入部した。入部して僅かな間は、ちやほやされたものの、しばらくすると球拾いと声出しの毎日。練習後にひたすら素振りをさせられただけで実戦の機会はなかった。昔の部活ではありがちな光景だが、飽きっぽい少年には、耐えられなかった。夏休みを迎える前には体育館に足を運ぶことはなくなっていた。

卓球部を辞めた奈良が放課後、ぼんやりと校庭を眺めていると、片隅で同級生がサッカーボールを蹴っている姿が目に入った。埼玉県児玉郡から前橋市へ引っ越してきた生徒だった。児玉郡はサッカーが盛んな地域だったが、引越し先の前橋市にはサッカー部がなかったため、仲間を誘ってサッカーをするようになっていった。サッカーという競技に興味を持った奈良は、その同級生に声をかけて仲間に入れてもらった。それまで経験してきたスポーツはすべて手を使う競技だが、サッカーは手が使えない。華麗にドリブルをしていく同級生を見て、素人の奈良は闘争心が湧いた。うまくなりたい。それからは毎日のように仲間とともにボールを蹴った。

「私が考えるサッカーの魅力は、チームワークです。卓球は個人かペアの試合、バスケットは5人、バレーボールは6か9人制、野球は9人。サッカーは11人で、中学のスポーツ部活で一番多い人数でゲームを行います。多くの選手たちがそれぞれの武器を生かして勝利に向かっていく、そんなスポーツが面白くて仕方がなかったのです。そして、夢中になったもう一つの理由は、卓球などほかのスポーツと比べてグラウンドが広かったということです。縦105メートル横68メートルのグラウンドを思い切り走れることが私には合っていました。いま思うと、サッカーの神様に導かれた感じがしますね」

仲間はポツポツと増えて、中学1年生の秋を迎えるころには、11人以上が集まり、一つのチームができるほどになっていた。必死になってボールを追いかける中で、どこからともなく「サッカー部を作ろう！」という声が上がった。

奈良たちは、担任の教師・飯野トミコ先生に頼み込んだ。当時50歳前後だったお母さん的存在の飯野先生は、生徒たちの声をしっかりと受け止めて「本当にやりたいのであれば校長先生のところへ行きなさい」と、校長に掛け合ってくれた。校長からは「好き勝手に部活を作っていればキリがない」「校庭は野球部や陸上部がいるので場所がない」と突き放された。それでも奈良たちはあきらめなかった。練習場所などの解決方法を考えて何度も校長室を訪ねた中でしだいに進展が見られるようになっていった。だが最後の問題は顧問だった。校長は「部活動は顧問の先生がいなければ活動できない」と投げかけた。困り果てて飯野先生に相談すると、「わかった。私が顧問をやりましょう」と、サッカー部顧問を引き受けてくれた。こうして、前橋第五中学校にサッカー部が誕生した。

中学1年生だけのサッカー部。飯野先生が顧問になってくれたもののまったくの素人。教えてくれる先輩もコーチもいない。奈良たちは小遣いをかき集めて書店へ走り、サッカーの実用書を買いあさった。そして、部員たちで何度も回し読みし、練習方法や戦術について話し合った。練習が形になってくると、試合への欲求が高まっていった。

部員たちは、近隣中学でサッカー部が存在していた第三中へ足を運び、練習試合を申し込んだ。漫画のような世界だが、第三中の関口良之先生は、サッカーに夢中になる第五中の選手たちを歓迎、学校の枠を越えて熱心に指導をしてくれたという。

奈良のポジションは、トップ下。ストライカーの後ろでチャンスをうかがうゲームメーカー的役割を担っていた。奈良は持ち前の運動量と気迫でゴールへ迫り、チームを牽引していく存在となっていった。

奈良たちが3年生になった第五中は、前橋市大会で快進撃をみせてまさかの優勝、県大会へ進出する快挙を成し遂げた。第三中の関口先生は、県大会へ向かう選手たちにアドバイスを送り、合同練習などを実施してくれたという。奈良は、当時の試合結果よりも、飯野先生や関口先生の優しさが記憶に残っている。二人の恩師がいなかったら、奈良がサッカーの道に没頭することはなかった。

「中学生のときは、サッカーが好きという気持ちだけで行動していました。ポジションや練習について、時には仲間たちとケンカをしながら、サッカー部を作り上げていきました。自分たちで、考えて、工夫しながら練習することが、上達の一番の秘訣です。まったくの独学でしたが、中学時代の経験が、のちに前橋商の監督になってから役立ったと思います。いまの子供たちは、整った環境でサッカーをしていると思いますが、すべてを整えてあげる必要はありません。私たち**指導者は選手たちの自発的な行動を止めてはいけませんし、選手たちはコーチからの指示を待つのではなく、うまくなるために自分たちで行動してほしい**と思っています」

名門・習志野での武者修行

充実した中学生活を過ごした奈良は、県内高校ではなく千葉県の市立習志野高校へ進学した。当時、サッカーで県外へ進学する生徒などいなかった。奈良は中学3年生だった１９６８年の夏休みに、全国高校サッカーインターハイ決勝・秋田商対習志野をテレビで観戦した。高校サッカーを牽引していた二強の戦いを手に汗を握りながら見守った。

実用書でみた戦術や戦略を、様々なテクニックを駆使して実行する本物のフットボール。サッカー雑誌でたびたび紹介されていた両雄の試合をみて、高鳴る鼓動を抑えられなかった。試合は、地元開催だった秋田商が3対2で習志野を下して、栄冠を手にした。

あの舞台に立ちたい。15歳のサッカー少年は決心した。全国トップレベルの選手たちが集まる両校だが、奈良は残念ながら全国レベルの選手ではない。それは本人が一番よく知っていた。だが、強豪校でプレーしたいという気持ちを抑えられなかった。「習志野か秋田商のどちらかに行く」。それは「want（～したい）」ではなく「will（～する）」。「行きたい」という欲求ではなく、「行く」という意志だった。

奈良はすぐに両親に相談したが前橋市職員で安定志向だった父親から「バカなことを言っていないでしっかり勉強しなさい」と一喝された。夏休み明けに、担任の先生に相談したが、やはり相手にされなかった。

志望校は習志野に絞った。それでも県外に出るには下宿費などの費用が発生する。経済的負担と息子の将来を案じ、大反対した母親は泣きながら説得したが、奈良は折れなかった。あまりの頑固さに、最後は父親が白旗を上げて、奈良の習志野進学が決まった。

「いま振り返ると、とんでもない挑戦をしようとしていたのだと思います。中学で幸運にもサッカーというスポーツと出会い、夢中になってボールを蹴っていました。コーチはいませんでしたが、みんなで学んでいったことで、より深く知ることができ、サッカーの魅力に取り憑かれていったのです。そして高校では、コーチがいて、高いレベルの選手が集まる強豪チームでプレーしたいという気持ちでいっぱいになってしまったのです。あのころは群馬県内に強いチームはありませんでしたし、県外の高校に行くことしか考えられませんでした」

習志野サッカー部は、千葉県内をはじめ首都圏全域から優れた選手たちが集結していた。校舎内の選手寮に入寮しての生活だったが、過酷な毎日だった。1年生50人は午前7時過ぎから部室の掃除、そのあとに先輩のスパイクとボールをピカピカに磨いた。1年生はトップチーム入りした数人を除いて、ほとんどが球拾い。奈良もグラウンド外から声を出し、先輩が蹴り出したボールをひたすら拾った。実戦練習には加われなかったので、限界という言葉が無意味に思えるまで走らされた。あの年代の部活動は、どこも厳しかったが、習志野サッカー部は周囲から「刑務所」と呼ばれるくらいの際立った過酷さだった。入学時に50人いた1年生たちは次々に辞めていった。

「私は中学時代に仲間うちでサッカーをしていたので、高校とのギャップがだれよりも大きかったのです。先輩たちからの愛あるシゴキも大変で、すぐに逃げ出したいと思いました。でも、親の猛反対を押し切って千葉まで出てきたので帰るわけにはいきません。意地でも戻れないのです。だから『学校ごとなくなってしまえばいいのに』と本気で思っていました」

当時の習志野は、高校サッカー重鎮の西堂就《たかし》監督が指揮を執っていた。西堂監督は1962年に習志野初代監督となり、1966年に全国高校サッカー選手権で初優勝。無名校をわずか4年弱の早さで全国制覇へ導いた手腕は、高校サッカー創成期において際立っていた。西堂の目指すサッカーに心酔した奈良は、その3年後の1969年に門を叩いている。西堂監督は１９７２年に２度目の選手権制覇、そのときには優勝特典として、国内チームで初めて北朝鮮へサッカー遠征するという極めて貴重な体験をしている。西堂監督は若手指導者の面倒見も良く、のちに幾度も全国制覇を成し遂げた帝京・古沼貞雄元監督らが慕うなど、その存在は高校サッカーの伝説となっている。

西堂監督の指導を受けた奈良は、３年時にはレギュラーポジションをつかんだ。夏のインターハイには出場できなかったが、高校サッカーのクライマックスとなる全国高校サッカー選手権に関東代表として出場、奈良は背番号17をつけてピッチに立った。初戦で徳島商（徳島）に０対１で惜敗し、習志野での高校サッカー生活を終えた。逃げ出したいくらいの毎日だったが、引退するときには自分も高校サッカーの指導者になりたいと強く思っていた。そして、西堂監督の紹介を受けて東海大へ進学。西堂監督は奈良に対して「卒業したら習志野へ戻ってこい。面倒をみてやる」と伝えていたが、奈良は体育教師として群馬に戻り、１９７７年（昭和52年）に前橋商に着任、サッカー部の監督となった。

「西堂先生は、サッカーの指導と勝負には厳しかったのですが、自由奔放でおおらかな方でした。また、物事の切り替えが早い人で、試合に負けたことを引きずることなく、常に前を見て行動できる監督でした。私は群馬から千葉へ出ていったので公私で気にかけてもらっていました。選手としては大成しませんでしたが、高校3年間、面倒をみてもらって感謝しかありません。高校3年生になって進路を考えたときに、西堂先生のような指導者になって恩返ししたいと思いました。私が前商の監督になったあとは、毎週1回、埼玉の自宅から前橋まで来て指導をしてくれました。そしてインターハイや遠征にも帯同してくれていました。それくらいに懐が深く、人生において大きな影響を受けました」

関東のお荷物

当時の前橋商は、野球、柔道、剣道、バレーボールなどの強豪として全国的に知られていた。ちなみに、野球漫画『タッチ』の原作者・あだち充は、前橋商出身だ。運動部の活動は盛んだったが、サッカー部はなかなか実績を残せていなかった。当時の群馬県高校サッカーのレベルは低く、どのチームも関東大会に出れば惨敗。関東サッカー関係者からは「群馬県は、関東のお荷物」と揶揄されていた。

奈良は、藤生宣明校長から、サッカー部強化の指令を受けて指導者の笛を持った。それまでのサッカー部は、「1年奴隷、2年人間、3年神様」という言葉があったくらいの厳しい上下関係の中で選手たちは奮闘していたが、サッカー専門の指導者が不在でインターハイ予選、選手権予選では優勝することはできていなかった。しかも、陸上など他競技が校庭を使用していたため、サッカー部のスペースはほとんどなかった。

名門・習志野高校出身の新人体育教師は、意気揚々とサッカー部へ乗り込んでいった。初日に部室をのぞくと、ヤンチャそうな選手たちがトグロを巻いていた。「監督になった奈良です。優勝を目指して頑張ろう！　よろしく！」と発破をかけたが、3年生はだれ一人グラウンドに出てこなかった。その翌日には3年生の約20人全員が引退を表明したという。のちに作られた前橋商のサッカー部卒業生名簿は、昭和52年卒業のみが「0人」となっている。そのときは3年生に同調するかのように2年生の半数も辞めてしまったという。奈良は2年生数人とその春に入部してきた新入部員20人を、習志野式トレーニングで徹底的に鍛え上げた。

練習は午後4時にスタート。まずは1時間、ウォーミングアップとして、全力ダッシュ100本を課した。習志野で鍛えられた奈良にとっては朝飯前のメニューだったが、前橋商の選手たちは嗚咽を上げて倒れ込んだ。習志野式練習は、体力ゲージがゼロに近づいてから何ができるかが問われる。選手たちは、ウォーミングアップで体力を空っぽにされてから、基礎技術練習、実戦練習に臨んだ。ザ・根性サッカー。我流で練習していた前述の3年生たちが逃げ出したのも納得がいく。朝は午前7時に集合、放課後の練習時間は短くて4時間、長ければ6時間にも及んだという。合宿では午前1時すぎまでトレーニングを行うこともあった。どんなときも朝の遅刻は厳禁。ユニフォームのまま布団に入った選手もいたそうだ。

「練習するのはもちろんですが、まずは生徒たちに1日の時間管理をしっかりとさせたかったのです。早起きは大変ですが**時間を守れるようになれば、約束が守れるようになり、約束が守れるようになれば、規則が守れるようになります。規則が守れれば、チームを守れるようになる**のです。私は千葉の習志野出身だったので全国のレベルを肌で味わっていましたし、各強豪校がどんな練習をしているかも知っていました。昭和50年代前半まで群馬はサッカー不毛の地で、全国大会で群馬勢と対戦するチームは『ラッキー』と思っていました。私は前橋商だけではなく群馬県全体のサッカーを変えたかったのです。いま思うと、練習前のダッシュなどは根拠のないメチャクチャな方法で、恥ずかしいかぎりですが、食らいついてきてくれた生徒たちに感謝しています。技術のないチームが、全国の強豪を倒すには走り勝つしかありません。サッカーは心技体の勝負。技術があっても、精神、体力が追いつかなければ戦えないのです。人生と同じで、**つらいときにどれだけ頑張れるかが、その選手の本当の力**なのです。私は、生徒たちに逆境に負けない強い人間になってほしかったのです」

全国への扉

就任1年目は、1、2年生のみで大会へ出場したが、すべて初戦敗退。2年目に新人戦で優勝し、最初の1年生が3年生なった夏に自身初のインターハイ出場を決めた。学校から約8キロの距離にある赤城大鳥居までのマラソンを始めたのもこの時期だった。

最初の全国高校サッカー選手権出場は、就任から7年後の1983年度（昭和58年）だった。同年、群馬県では国体が開催されていた。各学校の主力選手たちは国体選抜チームに召集され、自チームの練習を留守にすることが多かった。奈良率いる前橋商は、そのチャンスを狙って猛練習を積み、選手権初出場を果たした。それが前橋商の全国デビューだった。

奈良は「数年前まで練習場所もなかったようなチームが、国立競技場の開会式で強豪校とともに行進したのです。生徒たちが凛とした表情で堂々と歩く姿をみて、指導者になって良かったと感激したのを覚えています。私の中では日本代表が初めてワールドカップに出たときのような大きな喜びでした」と語る。第62回全国高校サッカー選手権に出場した前橋商は、１回戦で中部工業（沖縄県）と対戦し４対０で勝利、初出場で初勝利を上げた。その選手権で、歴史を切り拓く初ゴールを決めたのは、当時２年生だった間野健彦（現常磐高サッカー部監督）だった。

間野は「あのゴールはいまでもはっきりと覚えています。ドリブルで独走してそのままゴールまで持ち込みました。ただ自分の先制ゴールよりも、前商が全国で初めて勝ったことがうれしかったです。奈良先生の練習は厳しく、怒られることも多かったのですが、選手たちのことをしっかり見てくれました。私はいつも『お前は、ドロ沼と炎の戦いでは絶対負けない選手だ』と言ってもらって、勇気付けられました。つらい状況でも頑張れるという意味だったと思いますが、いまでも苦しいときにあの言葉が浮かんでくるのです」と懐かしむ。

愛のカツ丼作戦

奈良によると、間野は歴代前橋商ベストイレブンに入るほどの抜群のテクニックと秀でたセンスの持ち主だった。1年生からレギュラーとしてプレー、2年生では全国高校サッカー選手権で鮮やかなゴールを決めた。当然、3年生になったときには主力となったのだが、選手権でのメモリアルゴールで脚光を集めたことで、緩慢なプレーが目立つようになったそうだ。そして、チームメートのプレーに不満顔をみせることもあったという。都内遠征の練習試合で彼のワンマンなプレーを目にした奈良は、雷を落とす代わりに、ベンチに下げてランニングを課した。

練習試合終了後は、黙々とグラウンドを走っている間野をバスへ呼ばずに、キーを回してエンジンをかけた。その様子をみた間野は慌ててバスに乗り込もうとしたが、「君はどこのチームの選手だ。チームのために戦えない選手は前商にはいないよ。バスを間違えているんじゃないか」と突き放すと、そのまま帰途に着いてしまったという。チームプレーの重要性を叩き込むための愛のムチ。チームメートが財布を手渡したのを見た上での仕置だったが、間野は呆然とした。

「サッカーのパスは、一人では成立しません。出し手と受け手によって初めてパスになるのです。相手のことを考えずにパスを出しているのであれば、それはただボールを蹴っているだけです。間野は確かに優れた選手でしたが、一人だけで11人の相手チームを倒すことは不可能です。悪いパスを、良いパスにできるのが一流。**本当に上手い選手は、仲間の力を把握して、チームとして戦うことができます。**私も若かったので手荒いことをしてしまいましたが、チームプレーの大切さを伝えたかったのです」

泥だらけのジャージのまま東京に置き去りにされた間野は、電車を乗り継ぎ、自力で学校まで戻ってきた。日が暮れていて、他の部員はいなかったが、体育教官室には明かりがついていた。間野は恐る恐る教官室のドアをノックし扉を開けると、そこには奈良がいた。「まあ、座れ」と言われて席につくと、目の前にはカツ丼があった。奈良は、間野が帰ってくるであろう時間に合わせて、馴染みの出前店でカツ丼を注文。ふたりでカツ丼を頬張った。間野のプレーはそれ以来、劇的に変わり、日体大に進学。大学4年生時には主将を務め、大学卒業後に高校サッカー指導者となった。あれから35年が経つが、〝半べそ〟で食べたカツ丼の味は今でも忘れられないという。間野は、帰郷する電車の中で「もう奈良先生にはついていけない。サッカーをやめようと思った」というが、奈良が用意したカツ丼によって、サッカーを続けることになった。

「奈良先生から教えてもらったのは、前商魂です。チームプレーの重要性と、勝負にこだわる強い気持ちの大切さを学びました。いま思うと、奈良先生は、選手の気持ちを高める最高の指揮官でした。自分自身が指導者の立場になってから、さらに奈良先生の凄さがわかりました。高校時代に奈良先生に出会っていなければ指導者になることはなかったと思います。私は、いまでも奈良先生の生徒。高校時代の恩は一生忘れることはできません」（間野）

カツ丼作戦の効果を実感した奈良はその数年後にも、近隣の遠征で不甲斐ない戦いをみせた選手たちを現地に残して、度々学校へ戻ってきた。到着時間を逆算して、20人前のカツ丼を用意して待っていたこともあったが、なかなか帰ってこないことがあった。予定時間を大幅に過ぎて戻ってきた生徒たちを問い正すと、途中の食堂でちゃっかり食事を済ませてきたという。奈良は苦笑いしながらも選手とともに再びグラウンドへ向かい、練習後にみんなでカツ丼を頬張った。熱血指揮官は、生徒たちと〝イタチごっこ〟を繰り返しながらチーム強化に励んだのだった。

前橋商は、１９８４年度（昭和59年）に、粕川晃主将（前橋商元ヘッドコーチ）、間野ら3年生を中心に2年連続で全国高校サッカー選手権に出場。3回戦で、最終的に優勝した帝京(東京)と対戦し先制しながらも、死闘の末に1対2で敗れた。帝京・古沼貞雄監督をうならせた戦いによって、前商の名は全国へ轟くことになる。その頃は、もう群馬県チームを「お荷物」という者はいなくなっていた。

のちに奈良のもとでコーチを務めることになる昭和59年度主将の粕川は「初めて選手権出場を決めたときの感激はいまでもはっきりと覚えています。奈良先生も部員もみんなで泣きました。奈良先生は厳しかったのですが、気配りができて、緻密な監督だったというのが一番の印象です。私は12年の間、コーチを任せていただき、その後は家業を継ぐために前橋商を離れたのですが、社会に出てみて、あらためて奈良先生の指導、教育の価値がわかりました」と話す。

コーチになった粕川に、奈良が伝えたのは「人を見て法を説け」ということわざだった。釈迦が仏法を説くときに、それぞれに応じた方法で説得したという故事から生まれた言

回数	和暦	西暦	回戦	対	相手	回戦	対	相手	回戦	対	相手	回戦	対	相手
①	昭和 54	79	北関東	1 － 3	今市高校									
②	58	83	一回戦	4 － 0	中部工業	二回戦	1 － 4	日立工業						
③	59	84	一回戦	2 － 0	山口高校	二回戦	1 PK 1	刈谷高校	三回戦	1 － 2	帝京高校			
④	60	85	一回戦	2 － 1	八幡浜工業	二回戦	0 － 2	東海大甲府						
⑤	62	87	一回戦	2 － 0	奈良育英	二回戦	0 － 2	暁星高校						
⑥	63	88	二回戦	5 － 0	東海大五高	三回戦	2 － 0	南宇和高	準々決	3 － 1	四日市中央工	準決勝	1 － 2	清水商業
⑦	1	89	二回戦	1 － 0	熊本農業	三回戦	1 － 0	佐賀商業	準々決	2(6) PK (5)2	桐蔭学園	準決勝	1 － 4	南宇和高
⑧	7	95	一回戦	2 － 0	徳島市立	二回戦	1 － 4	静岡学園						
⑨	9	97	一回戦	2 － 0	多々良学園	二回戦	4 － 1	鹿児島実業	三回戦	0 － 1	岐阜工業			
⑩	12	00	一回戦	0(5) PK (4)0	久御山高	二回戦	1 － 2	遠野高校						
⑪	14	02	一回戦	1(5) PK (4)1	日章学園	二回戦	1 － 3	桐蔭学園						
⑫	16	04	一回戦	1 － 0	東海大仰星	二回戦	2 － 1	済美高校	三回戦	3 － 1	仙台育英	準々決	0 － 1	星陵高校

前橋商業 全国高校サッカー選手権成績
（平成14年までが奈良知彦監督）

葉で、相手の性格や気質を考えてその人にふさわしい言い方をすることが大切という意味だ。そのアドバイスを受けた粕川は、選手たちに声をかけるとき性格や状況、能力を考えて伝え方を変えていったという。ハーフタイムに、奈良が選手に喝を入れることも多々あったが、粕川によるとすべてが事前に計算されていたものだったという。粕川は「あの言葉は、奈良先生のチーム作りにも生かされていて、型に嵌めるのではなく、選手の性格・特長をすべて理解した上で、選手の長所を落とし込んでいました。指導・育成に関して、多くのアプローチ方法を学ばせてもらいましたが、振り返ると非常に貴重な時間でした」と感謝を示す。

　奈良は1985年度（昭和60年）も選手権切符をつかみ、群馬県3連覇を達成。そして闘志あふれる戦いをみせるチームには、桑原賢治（現ＦＣ下川前橋監督）、米倉誠（元名古屋グランパス）、若林秀行（現ファナティコス代表）、服部浩紀（元横浜フリューゲルス）、鳥居塚伸人（元ザスパ）ら世代屈指のタレントたちが集結するようになっていく。そして、１９８８年度（昭和63年）、１９８９年度（平成元年）の第67、68回全国高校サッカー選手権で２年連続ベスト４進出という偉業を成し遂げることになる。

師・奈良先生の期待に結果で応えたいと思います

ザスパクサツ群馬強化本部長
松本大樹

奈良先生との出会いは、小学6年生のときです。当時、前橋商は全国高校サッカー選手権で2年連続ベスト4へ進出していて、その憧れがあり前橋商へ進学しました。奈良先生には、勝利から逆算してゲーム、トレーニングを考えていくことを教えていただきました。前橋商といえば縦のイメージがあるかもしれませんが、僕たちの代には樹森《きもり》大介（元ザスパクサツ群馬）や、1学年下に大野敏隆（元東京ヴェルディ）がいて、しっかりとボールをつなぐサッカーをしていました。そして服部浩紀（ザスパクサツ群馬元監督）さんの代以来、6年ぶりの選手権出場を果たすことができました。

僕はもともとFW、MFだったのですが、高校2年生のときに奈良先生のひと言で左SBにコンバートされました。左SBになったことで最終的にはU―18日本代表に選出され、卒業時には6、7クラブからオファーをもらってガンバ大阪へ入団しました。奈良先生には本当に感謝しています。その後、プロで9年間プレーしましたが、なかなか試合には出られずに厳しさを味わいました。2004年の現役引退後に大宮アルディージャのフロントに入り、最後は強化本部長を任されました。

2019年末に奈良先生からザスパ強化本部長の話をいただき、引き受けさせてもらいました。恩師である奈良先生との仕事ですし失敗するわけにはいかないというプレッシャーの中でチーム編成を担当させてもらいました。私は選手、フロントの両方の立場でプロの厳しさを知っています。その経験を生かして、ザスパの社長になっていた奈良先生を助けたかったということが一番でした。昨年末から奈良先生と相談しながらチームの方向性を決め、そのサッカーを体現できる選手に声をかけていきました。予算を預けてもらいましたので、スピーディーに交渉を進めることができました。ただし、大宮とザスパでは予算規模に大きな差があり難しさはありましたが、その分、来てくれた選手たちへの感謝は大きいですし、やりがいも感じました。

強化本部は「勝てば監督、負ければ強化」と言われるように大きな責任がかかります。目標の達成のために監督とコミュニケーションを図りながらザスパを良い方向に導いていきたいと思います。群馬県出身選手で他クラブフロントのキャリアを持ってザスパに加わるのは僕が初めてだと思いますので、地元出身として責任を感じながら役割を果たしていきたいと思います。僕の経験則からみると、結果が出るチームは、現場、フロント、地域が一体となっています。強化本部は、現場とフロントをつなぐポジションでもあるので、しっかりとリンクさせていきたいと思います。そして奈良先生、地域の期待に、結果で応えられるように頑張っていきたいと思います。

松本大樹（まつもと・だいじゅ）
1977年群馬県高崎市生まれ。前橋商―ガンバ大阪―大宮アルディージャ。前橋商時代は、奈良知彦監督のもと左SBとして活躍。卒業後の1996年にプロの世界へ。G大阪、大宮で計9年間プレーしJ通算74試合出場。現役引退後に大宮フロント入り、2015～2017年は強化本部長を務めた。2020年1月にザスパクサツ群馬強化本部長就任。

第5章　教育者にして勝負師

勝利への執念

群馬県高校サッカー創成期の歴史に燦然と輝くのが、前橋商の全国高校サッカー選手権2年連続ベスト4の快挙だ。昭和から平成へ時代が移った1988年度（昭和63年）、1989年度（平成1年）に達成されたもので、高校サッカーオールドファンの記憶には白黒の縦縞に身を包んだゼブラ軍団の勇姿が焼き付いている。奈良率いる個性派集団は、選手の武器を最大限に生かす野生味あふれる戦いを貫き、全国強豪相手に一歩も引かない戦いを演じてみせた。それは、群馬県高校サッカーの夜明けとなったのだった。

前橋商監督就任から12年が経過。それまでに4度の全国高校サッカー選手権、7度のインターハイ出場を果たした奈良は、全国強豪との対戦、そして名将たちとの交流によって、指導者としての確固たるサッカー観と揺るぎない信念を持ち始めていた。また、積極的に外部コーチを呼び、生徒たちに新しい世界を見せた。１９８０年代後半には、当時ブラジル・サントスでプレーしていた三浦知良（元日本代表、現横浜ＦＣ）や日本リーグで活躍したセルジオ越後（現解説者）らがグラウンドに来ることもあったという。就任当初は戦術書を読みふけり試行錯誤を重ねた時期もあったが、考え抜いた末にたどり着く答えはいつも一つ。「サッカーはシンプル」ということだった。

ボールは一つ。縦１０５メートル横68メートルのグラウンドには、攻めるゴールと、守るゴールの二つがある。決められた時間に、相手よりも1点多く取ればいい。野球のように満塁ホームランで一度に4点が入ったり、バスケットのように3ポイントシュートがあったりするわけではない。ゴールはすべて1点。さらにゴールはなかなか決まらない。そこにサッカーの魅力があるという。

戦略は、勝利のシナリオ。戦術は、戦略を実現するためのプレー。しかしながら、戦略に絶対はなく、相手の動きに合わせて臨機応変に変えていくものという。そして、選手たちが戦術を理解して実行することで勝利が見えてくる。

敵を知り己を知れば百戦殆《あや》うからず。奈良は、己の力を見極めて、相手を徹底的に調べ上げた。変装して相手チームの練習の見学に行くこともあった。

チーム作りは、選手の特長を組織に組み込んでいく作業だ。練習で培った選手の力を、試合で発揮させることが監督の役割。奈良は、いかに選手の力を引き出すかを徹底的に考え抜いた。その上で、選手たちには勝利への執念を強く求めた。

勝利だけがすべてではないが、勝敗があるのがスポーツ。勝利を目指す過程が、選手の成長につながっていく。練習最後の紅白戦では、最初に11対11でゲームを行い、勝利チームは練習終了。次は6対6のゲームを実施し、3対3、2対2、最後は1対1のタイマン勝負まで遂行することもあった。PK合戦では、負けたチームが、前橋市中心商店街のド真ん中で、気迫の応援「前商流エッサッサ」をやるという暗黙の了解があった。それほどまでに勝負にこだわった。大会が近づき、奈良がスパイクを履いて校庭に出てくると、選手たちの背筋が伸びた。

スペースの認識を強く持たせ始めたのもこの頃だった。サッカーは、スペースの奪い合い。20メートル四方のエリアでＦＷとＤＦが対峙すればスペースを使える分、攻撃陣が優位となる。逆に２メートル四方のスペースで対峙すればＤＦが優位となる。そのため攻撃陣にはスペースを作り出し、それを生かす俯瞰的な目を求めた。そして守備陣には、スペースを狭める狡猾さを要求した。１９８８年度のチームは、奈良のイメージするサッカーを表現できる選手が各ポジションに揃い、選手たちが自由な発想で奈良のサッカーを華やかに彩っていった。

「アジアの虎」を口説き落とす

全国高校サッカー選手権ベスト４の立役者となったのは、のちに名古屋グランパスで活躍することになる３年生ゲームメーカー米倉誠（現ＤＳＳ総監督）と、「アジアの虎」の異名を取り横浜フリューゲルス入りした超高校級２年生ストライカー服部浩紀（現ルーヴェン高崎ＦＣ監督）だった。米倉は、全国の舞台で実績を上げつつあった前橋商にあこがれて奈良道場の一員となると、類稀なるセンスで頭角を現し、世代屈指のミッドフィルダーとして進化を遂げることになる。

服部は、前橋市鎌倉中時代にU―15日本代表に選出され、全国強豪から誘いが届く逸材だった。服部の才能に惚れ込んだ奈良は、服部本人と家族を説得するため、何度も服部の自宅に通い、口説き落とした。奈良が話し合いをしている最中にも全国名将から電話が入る状況だったが、服部は前橋商を選択したという。服部は「中学の練習が終わって家に帰ると、いつも奈良先生が父親と話をしていた。あそこまで真剣に誘ってくれたら、ほかに選択肢はなく、私の中では早い段階で前橋商に進学することを決めていました。進路決定の時期にはほぼ毎日のように来てくれていて、最後は一緒に食事をして帰っていきました。高校入学前から、奈良先生についていけば絶対に成長できると思っていました」と懐古する。奈良の飽くなき情熱によって前橋商には、ツワモノたちが集結することになった。

ゼブラ軍団、全国を席巻

１９８８年度のチームはまさにスター軍団だった。米倉、服部を絶対的な軸として、桑原賢治主将（当時３年＝現ＦＣ下川前橋監督）、若林秀行（当時３年＝現ファナティコス総監督）、中村如是（当時３年＝現ボンボネーラＳＣコーチ）、鳥居塚伸人（当時1年＝元ザスパ）ら個性派プレーヤーがメンバー入り。「群馬県史上最強」の呼び声高かったチームは全国制覇を狙って、上京した。開会式前日、奈良は、選手たちを明治神宮へ連れ出し大勢の観光客の前で、度胸試しの「前商流エッサッサ」を実行。選手たちは大衆から大きな拍手をもらい、大会へ乗り込んだ。奈良は「就任から12年目にして初めて全国制覇が狙えるチームに仕上がりました。私の中でも大きな手応えを感じていました。大舞台で力を発揮させるため選手たちに度胸をつけさせてあげたいと思っていたのです」と思い起こす。闘志みなぎるゼブラ軍団は初戦から、その強さを全国へ知らしめていく。

初戦となった2回戦の相手は・東海大五（福岡）だった。九州ナンバーワンの強豪相手に前半31分に服部のゴールで先制すると、反撃をしのいだ後半に攻撃陣が爆発。桑原、中村、鳥居塚が立て続けにゴールを奪い、5対0のゴールラッシュで大勝することになる。セットプレーからのコンビネーションでサイドを深くえぐる「前商スペシャル」という攻撃パターンも奏功した。指揮官は、攻撃パターンをネーミングすることで選手たちの士気を高めた。それは相手に威圧感を与えることにつながったという。2得点を決めた桑原は「私はキャプテンという立場でしたが突き抜けた実力があったわけではなく、個性があり過ぎる選手たちと奈良先生の間に立つ〝中間管理職〟でした。キャプテンというよりも、チームが良い気持ちでプレーできるように調整するマネージャーだったと思います。3年生になってからは両方の間で大変な思いをしましたが、選手権では仲間たちが良いボールを出してくれて、多くのゴールを決めることができました。みんなからのプレゼントだと思いました。最高の時間でした」と笑顔で振り返る。

最高のスタートを切った前橋商は3回戦で南宇和（愛媛）を2対0で下した。中盤のバランサー役となった中村は「東海大五戦も、南宇和戦もスコア的には快勝でしたが、どちらも非常に難しいゲームで、1プレーによってどちらに転んでもおかしくないような紙一重の戦いでした。FW桑原、服部がマークされている中で、若林と米倉が攻撃的なポジションを取る流れになって、自分が守備のカバーに走っていました。それぞれがゲーム状況を読んで、役割を果たせるチームだったと思います」とチームについて話す。

そしてチームは準々決勝・四日市中央工戦（三重）へ。「四中工」の略称で知られる名門に対して、前橋商は真っ向勝負を挑んでいく。開始7分、右クロスの折り返しを若林が豪快に蹴り込んで先制に成功すると前半21分には、ゴール前でパスを受けた桑原がGKともつれながらも執念で押し込んで追加点を奪う。

その後に相手の逆襲を受けて1点を返されるが、前半38分に若林が華麗なボレーシュートでゴールネットを揺らして、名門を撃破、ベスト4進出を決めた。四強進出に貢献する殊勲の2ゴールを挙げた若林は「私たちは1年生から試合に起用してもらっていて、最後の大会にすべてを懸けていました。みんな中学時代から知っている仲間たちだったので、みんなの動きがわかっていました。奈良先生は私たちを信頼してくれて、バスの中などで選手だけのミーティングをやらせてくれていました。みんなで考えたことで強くなれました。選手たちがプレーしやすい環境を作ってくれていたと思います」と語る。

決勝進出をかけて準決勝へ向かうチームをアクシデントが襲った。エースストライカー服部が、準々決勝で大会通算2枚目のイエローカードを受けて準決勝が出場停止となったのだ。今大会はケガを抱えながら満身創痍のプレーをみせてきた。3試合で奪ったゴールは1点のみだったが、前線のターゲットとして起点を作ると、相手守備陣を引きつけて、チームメートのゴールを導いていた。ユース日本代表の絶対的存在の出場停止は、全国的なニュースとなり、服部の存在をさらにとどろかせることになる。奈良は、平常心を強調した。

「服部の出場停止に関しては、悔やんでも仕方ありません。試合前に私が『服部がいれば』などと発言したら、それだけで生徒たちが自信を失ってしまいますし、服部自身も責任を感じてしまうでしょう。何を言っても出場停止という事実は変えられないですし、選手を信じて、前だけを向いて準決勝に向かいました。高校サッカーのテーマソングに『ふり向くな君は美しい』という曲がありますが、私もふり向くことはしない性格です。**終わったことは何度悔やんでも変わらないので、今やるべきことだけを考える**ようにしていました」

準決勝の相手は、サッカー王国静岡の清水商。準決勝は当初、昭和64年１月７日に予定されていたが、その日に昭和天皇が崩御し、試合は２日後の平成元年１月９日に延期となった。清水商は、のちに日本代表となる三浦文丈（元横浜マリノス）、藤田俊哉（元ジュビロ磐田）、山田隆裕（元横浜マリノス）ら好プレーヤーが揃う優勝候補の大本命。奈良は「技術では相手が上。だが俺たちには、前商魂がある。粘り強く戦って、走り勝て！」と選手たちを送り出した。

服部がベンチから見守る中で、ゲームはキックオフ。前半21分に先制を許す展開になったが前半23分に、桑原がヘッドでゴールを奪い返して同点に追いついてみせる。ゲームは1対1のまま前半を折り返すと、後半は一進一退の攻防が続いていく。エース服部不在の中で前橋商は善戦したが、後半13分にゴールを割られると、必死の反撃も実らずに1対2のままタイムアップのホイッスルを聞いた。米倉は「優勝を目指していたので負けてしまったのは悔しかったですが、本当に楽しい時間でした。奈良先生をはじめ、チームメートに恵まれたと感じました。奈良先生には私が一番怒られたと思いますが、厳しい言葉の裏には優しさがありました。私たちの代で、先生を胴上げできなかったことだけが心残りです。でも、群馬県出身選手だけのMADE IN GUNMAのチームでベスト4へ入ったことが自分たちの誇りです」と話した。

現在、群馬県内でジュニア強豪ファナティコスを指導している若林は「個人的にはベスト4に入ったことで安心してしまった部分がありました。清水商は優勝を狙っていたと思うので、準決勝では勝負所でその差が出てしまったと考えています。私はいま小学生を指導していますが、同じ失敗をしてほしくない。だから、常に上を狙わせています。選手権大会でのゴールを自慢するのでなく、大舞台での失敗を伝えていくことが役割だ

1988 年度の全国高校サッカー選手権で
前橋商は初のベスト４進出（写真提供・同年度 OB）

と考えています」と指導へ向かう。若林、米倉、桑原、中村の４人はいま、それぞれのチームで小学生を指導、前商魂と奈良イズムを未来へ継承している。

全国制覇の夢は断たれたが、前橋商は大きな足跡を残して大会をあとにした。大会４ゴールを挙げた桑原は、大会得点王となった。

「選手たちが準決勝の舞台に連れていってくれたことに、監督として感謝しています。あのチームは優勝できるだけの力を持っていたと思いますが、（天皇崩御による）試合延期など予期しないことが重なり、チームのコンディションをベストに整えることができませんでした。そこは私の力不足でもありました。あの試合は優勝するにはまだ早いという『天命』だと考えて、敗戦を受け止めました」

翌1989年度も大きなポテンシャルを秘めるチームだった。国内屈指のストライカーへ進化を遂げたエース服部のほか3年生ディフェンダー田部井晋（現サンワ）、2年生ゲームメーカー鳥居塚、吉澤英生（元ザスパ群馬コーチ）、渡邊智洋（現ルーヴェン高崎FCコーチ）、1年生FW笠原恵太（現前橋商監督）ら、昨年度に勝るとも劣らない戦力が揃っていた。ただ、3年生レギュラーが4人と少なく、大半を1・2年生が占めた。しかも、主将を務めた服部が、日本代表に合流していたため練習参加が限られていた。新チームは始動直後のテストマッチでは、連戦連敗。チームには不安が蔓延した。

奈良は、少ない3年生に発破をかける一方で、1・2年生たちを大胆に起用し自覚を求めた。ピッチ上では、すべての上下関係を取っ払い、1・2年生たちがプレーしやすい環境を整えていった。戦力値は昨年度と比較して劣っていたが「日本一」を強く意識させることで、選手の限界値を高めていった。ボランチとして攻守の舵取り役を担った渡邊は「下級生だった僕らは上級生に気を遣う部分もあったのですが、奈良先生が『遠慮と貧乏はするな』と言っていたのを覚えています。単に『遠慮するな』ではなく、『貧乏もするな』も言われたことで、妙にスムーズに心に入ってきました。そういう言葉のチョイスがうまかったと思います。情熱、執念、仲間の大切さを教えてくれた義理人情の指揮官でした」と指導を振り返る。

夏のインターハイ予選では、準々決勝で敗れて全国を逃した。昨年度の全国高校サッカー選手権ベスト4チームが、このまま負けるわけにはいかない。夏以降に、猛練習を積んだ選手たちは、群馬県予選を突破、再び全国の舞台へ戻ることになる。

１９８９年度の全国高校サッカー選手権の関門は、準々決勝の桐蔭学園（神奈川）戦だった。李国秀監督率いる伝統校は、パス重視のモダンなサッカーを展開し、優勝候補筆頭に挙げられていた。下馬評通りの力を発揮した神奈川の雄は、１〜３回戦までの３試合で14得点を奪うなど大勝し、準々決勝へ駒を進めてきた。奈良は組み合わせ抽選が終わったときから、この桐蔭戦が山場になると考えて、照準を定めてきた。敵将は「決勝戦までのＹシャツを準備してきた」などと、心理戦を仕掛けてきた。記者を通じてそんな言葉を聞いた奈良だったが、挑発には乗らずにじっと決戦を待った。

試合前の周囲の予想は桐蔭の圧勝という声が多かったが、そのゲームで「前商魂」が炸裂。ＦＫから失点し0対1とビハインドの状況下、前半27分に服部がペナルティーエリア内でＧＫに倒されてＰＫをもらうと、それを鳥居塚が決めて同点へ。後半26分には、ゴール前のこぼれ球を服部が押し込んで2対1と逆転に成功する。その後同点に追いつかれると試合は2対2のままＰＫへもつれこみ、前橋商がＰＫ戦勝利。２年連続でベスト4進出を達成した。鳥居塚は「チームとしての力は前年度よりもなかったと思いますが、奈良先生がゲームのポイントを読んで指示を与えてくれたことで、僅差の戦いをものにすることができました。人心掌握術に秀でる勝負師だったと思います」と強調する。

準決勝・南宇和戦は、国立競技場のピッチだった。通常、全国高校サッカー選手権は準決勝から国立が舞台となっていたが前年度はラグビー大会が組まれていたため準決勝は駒場陸上競技場だった。前橋商にとって初の国立。コンコースを抜けてピッチに出た選手たちは、超満員のバックスタンドの光景に士気を高めた。

開始2分、そのスタンドが歓喜に沸いた。ゴール前左約25メートルの位置でＦＫを得ると、鳥居塚、渡邊、吉澤のキッカーたちがゴールルートを探るべく、距離を確認しながら額を寄せた。近い距離なら鳥居塚、遠い距離なら吉澤が蹴ることになっていたが、そこに現れたのは服部だった。「俺が蹴る」。キングのその一言に異論を挟む者はいなかった。服部が魔神のような右足で放った強烈なシュートは、風を切り裂いて豪快にゴールネットをせり上げた。それは、大会通算５０００点目のメモリアルゴールとなった。

千両役者の衝撃の一撃で先制した前橋商だったが、前半に逆転を許し１対２で後半へ向かうと、総攻撃も実らず、終盤に力尽きて１対４で敗れることになる。服部は「奈良先生に決勝の舞台をみせたかったが、力が及びませんでした。力のなかったチームがベスト４まで進めたのは奈良先生のおかげ。優勝できなかったことに対しては残念ですが、前商でのプレーが自分自身を大きく成長させてくれました」と語っている。

「最初のベスト４のときは全国の頂点を狙えるチームでしたが、次の年代は正直、難しいと考えていました。しかし、年間を通じて、しっかりと計画を立てて、チームを作っていくことで、全国でも戦えるチームになっていった。**大事なのは、指導者自身があきらめない姿勢をみせること。**指導者として、新しい喜びとやりがいを感じた大会でした」

奈良は、準決勝で敗れてロッカールームで泣きじゃくる選手たちに向かって「お前たちがもらったのは銅メダルだが、俺には金メダルに見える。胸を張って帰ろう」と声をかけた。試合後も主将として毅然とした振る舞いに徹していた漢・服部だったが、恩師からの言葉を受けて、人目も憚らずに涙をぬぐった。それはのちに「アジアの虎」と呼ばれるストライカーが、約20年間のサッカー人生で流した唯一の涙だったという。

上州クラシコ

2年連続ベスト4進出という実績を残した前橋商だったが、群馬県内にライバルが出現することになる。山田耕介率いる前橋育英である。長崎・島原商から法政大へ進学した山田は１９８２年（昭和57年）に前橋育英へ着任、サッカー部の強化に乗り出してくる。そして前橋商の２年連続４強の翌年から、両校の熾烈な覇権争いが勃発することになる。山田は「２年連続ベスト４の前商の戦いをみて、我々は本気にならなければ勝てないと感じました。奈良先生、そして前商の存在があったからこそ、上を目指すことができました」と当時を振り返る。

高校サッカーの舞台で熱き火花を散らした前橋商・奈良と前橋育英・山田というふたりの指揮官。両軍の白熱の戦いは、「上州クラシコ」と呼ばれた。ほとばしる気迫と殺氣。決戦のピッチ上で、両雄は目線すら合わせることはなかった。

しかし、ピッチ外では互いを認め合う唯一無二の存在で、ふたりでたびたび赤提灯ののれんをくぐった。都内での会議を終えて群馬へ戻る際にはサッカー談義に没頭し山手線を一周したこともあったという。

奈良は、６歳下のライバルをこう評する。「山田先生は私よりも若かったですが、芯の通った指導者でした。彼がいたことで、自分自身も成長できました」。
奈良は２００３年度で前橋商監督を退き、教育者として管理職へ。上州を席巻した両将の対決は、最終決着を見ぬまま、その幕を閉じた。奈良がサッカー指導者の道を離れてから15年目の２０１７年度、山田は、奈良が成しえなかった全国高校サッカー選手権での全国制覇を果たした。奈良は、埼玉スタジアムのスタンドでかつてのライバルの勇姿を見守っている。

「私と山田先生は真剣勝負の試合ではにらみ合っていましたが、グラウンドを離れれば友人同士。監督は孤独ですので、ともに全国を狙う指揮官同士、心が通じ合う部分が多かったと記憶しています。最高のライバルであり、最高の同士だったと思います。そして。私たちが凌ぎを削ることで、選手たちにもライバル心が生まれ、力を伸ばしていきました。育英の存在によって選手が成長する環境ができあがったことが、一番大きな収穫だと考えています」

奈良は、好敵手の出現をも力に変えてチーム改革に乗り出すと、清水範久（元横浜F・マリノス）、樹森大介（現水戸U―18監督）、松本大樹（現ザスパクサツ群馬強化本部長）、大野敏隆（元柏、東京ヴェルディなど）らのJリーガーを育て上げるとともに、何度も選手権切符をつかみとった。２０００年度（平成12年）には、高校サッカーとJユースを交えた世代最高位大会・高円宮杯で準優勝の成績を挙げた。前橋商と前橋育英の２強対決が続いた１９９２年度（平成４年）から２００３年（平成15年）までの選手権予選で、前橋商が敗れたのはすべて前橋育英。互いの意地が、群馬県高校サッカーのレベルをさらに押し上げたのは間違いない。

奈良は２００３年度を最後に、前橋商サッカー部監督を勇退し、２００４年４月からは藤岡工業教頭として管理職に就くことになる。２度目のベスト４進出に貢献し、大学卒業後に前橋商でコーチを務めた渡邊は「できることであれば奈良先生には指導者として高校サッカー界に残ってほしかった。そうすれば流通経済大柏の本田裕一郎監督や、長崎総科大附・小嶺忠敏先生のような高校サッカーのレジェンド指揮官になっていたのではないかと思います」と、敬意を込める。しかし、奈良の決断は、前橋商を愛したからに、ほかならなかった。

「前商の監督就任から27年間、必死に戦ってきましたが、異動の時期が近づく中でいろいろな選択肢が頭をよぎりました。他の学校で1からチーム作りに携わるという道もあったかもしれませんが、私の中での高校サッカーは前商がすべてだったので、敵として前商と対戦することがイメージできなかったのです。それくらい自分のチームに誇りと責任を持っていました。昭和52年から平成16年までの27年間は、激動の時代でもあり、世の中全体に勢いがありました。子どもたちの中にはヤンチャな奴らもいましたが、思いや考えをストレートにぶつけてくれました。いまは保護者が〝設計図〟を作ってしまう傾向があり、失敗することが少なくなってきていると思います。**失敗しないように舗装道を整えてあげるのではなく、チャレンジをさせて、ときには失敗を経験させながら、子どもたち自らが道を見つけていけるように導いていくこと**が大切だと感じます。石ころだらけのデコボコ道があるかもしれませんが、自分の足で歩くことによって成長することができるのです。その上で緩やかな道を選ぶのであれば、それも否定しません。ただ私は、**それぞれの夢や目標に向かって道なき道を切り拓けるような人材を育てるために全身全霊を傾けてきました。前商でサッカー指導、選手育成に明け暮れた27年間は、私の人生の宝物です**」

奈良チルドレン

奈良は、19人のJリーガーを輩出している一方で、多くの高校サッカー指導者も育て上げた。常磐高監督・間野健彦、前橋商副顧問・浜口裕行、前橋商監督・笠原恵太、元前橋商監督・贄田浩明、前橋高監督・笠原宗太、伊勢崎商監督・須藤隆夫、伊勢崎市四ツ葉監督・松嶋隆広、共愛学園監督・奈良章弘、高崎北監督・柳沢宏太、高崎商監督・新井政和、特別支援・佐藤克彦、新田暁監督・山岸達弥らが、奈良の意志を継いで、指導に熱を入れている。指導者輩出数は、全国的にも多い。そこに奈良の指導・育成の源流がみえてくる。

奈良は、前橋商を指導していたとき「轟け！　赤城の雷鳴」と書かれたマイクロバスで遠征を行っていた。奈良が命名したもので、上州の風物詩である赤城山と雷をモチーフに、前橋商の名を全国へ轟かせよう、という思いが込められていた。「赤城山や雷のように『群馬に前商あり』と知らしめたかったのです」（奈良）。現在、奈良の教え子である高校指導者たちは年に一度、「雷鳴会」という会合を開いて、近況報告を行っている。奈良は、教え子たちの話を受けて、それぞれにアドバイスを送っているという。

「教え子たちはサッカーの監督なので技術や戦術を教えるのはもちろんですが、その上で教員として、**目上の人への礼儀を大切にするとか、人を裏切ってはいけないとか、約束を守るとか〝人の道〟をしっかりと教えていくことを忘れないでほしい**と思います。それは簡単なようで難しいかもしれません。テストで１００点を取ることも大切ですが、世の中はそれだけでは生きていけません。選手の長所、たとえそれが目立たない選手であっても良い部分を引き出してあげて、社会へ送り出してほしいと思います。そして、どんな競技も勝負の際《きわ》は、気持ちの戦い。サッカーは縦１０５メートル横68メートルの広大なピッチですが、最後は一歩の勝負。それは、日々の練習に答えがあります。その一歩を後押しできる指導をしてほしいと願っています」

教え子たちから最も尋ねられるのは「どうしたら勝てるか」だという。前橋商は、奈良勇退の翌年に全国高校サッカー選手権に出場したが、それ以来、選手権切符を得ることができていない。また、ほかの指導者も選手権出場を果たせていないのだ。

「教え子たちの多くは大学でも活躍し、Ｊリーグでプレーした選手もいます。技術や経験の面では私よりもはるかに上なのです。私自身も指導者として未熟な部分ばかりではありますが、一つ言えることは、『勝つためにどうすればいいかを徹底的に考えること』です。私は、中学時代に指導者がいない中、戦術書を読みふけり、知識をつけました。高校時代も大した選手ではなかったので、どうしたら上手くなれるか、どうしたら勝てるかを常に考えていました。その経験が、勝利につながった気がしています。試合には教科書はありませんし、チームや選手を取り巻く環境も別々です。その中で、まずは指導者が本気になることが必要です。そして**環境の言い訳をせずに、現状でいかに勝つかを考え抜いてほしいと思います。茶色の絵の具しかないのに緑の葉っぱを描こうとしても無理が生じます。それならば、今ある色で、描ける絵を考えていくのが指導者の役割**です。また一生懸命にやるだけではなくて、たまには立ち止まって、遊び心を加えながらチームに深みをつけてほしいと思います」

奈良は、藤岡工で教頭を務めたあとは市立前橋高の教頭を経て、２０１０年度に同校校長となった。サッカーで培ったマネジメント力を生かして学校全体に活力を届けると、２０１５年３月で定年退職。高校サッカー指導27年、管理職11年の計38年間の教員生活に終止符を打った。

選手権大会通算5000ゴールは前商全員のゴール

ルーヴェン高崎FC代表
（元ザスパクサツ群馬監督）
服部浩紀

中学3年生の秋頃は、毎日、奈良先生が自宅に来ていました。私の気持ちは前橋商進学で決まっていたのですが、当時はまだJリーグもなくサッカーで生きていくことが難しい状況でしたので両親には不安があったのだと思います。奈良先生は、両親としっかりと向き合ってくれて、不安を払拭してくれていました。それがなくても前橋商に行ったのは間違いないのですが、奈良先生の配慮によって両親も快く送り出してくれました。本当に真っ直ぐな人だと思います。

奈良先生は、技術的、精神的なことはもちろんですが、物事に取り組む姿勢の大切さを伝えてくれていました。上手い、下手ではなく、その姿勢に乱れがあったときには雷が落ちていたのを覚えています。奈良先生の指導の一つにサッカーノートがありました。いまでは一般的ですが、早い段階から取り入れていたのです。私も高校時代の試合や、ユース代表で経験などを記していきました。試合後にノートをつけることが習慣となり、Jリーガーになったあとも継続していました。そのノートはいまでも自宅に保管していて、人生の転機や子どもたちを指導するときなどに見直しています。奈良先生の言葉の数々は私の財産になっています。

昭和63年度、平成元年度の全国高校サッカー選手権で2年連続ベスト4へ進出しました。昭和63年度の準決勝は、私がイエローカード累積によって出場停止となり、先輩たちに迷惑をかけてしまいました。ただ、自分がいなくてもチーム力は変わっていなかったと思います。翌平成元年は、自分が代表やケガでチームに帯同できない時間が多い中で、後輩たちが頑張ってくれて再びベスト4へ行くことができました。力はなかったと思いますが、先輩たちの戦いをみていて、勝ち方が身についていたと思いました。国立競技場の準決勝で私が決めた大会通算5000ゴールは、前橋商全員のゴールだったと思います。負けたあと、奈良先生が「お前たちの銅メダルは、俺には金メダルに見える」と言ってくれたのを鮮明に覚えています。

奈良先生とは長い付き合いになりますが、監督、校長、社長と立場が変わっていく中でも、信念は変わっていないように感じます。いまはザスパ社長ですが、この2年間、チームを変えたというよりも、まずは元に戻す作業だった気がしています。ザスパはJ2に戻りましたが、これからは奈良先生の色がもっと出てくるのではないかと思います。前橋商・奈良知彦のプライドと実績が、先生を突き動かしていると感じています。私は2015、2016年にザスパ監督を務めて、いまは自分のクラブであるルーヴェン高崎で子どもたちを指導しています。自分にとって好きか嫌いか、損か徳かではなく、子どもたちとって何が最善かを考えながら群馬のサッカーを共に盛り上げていきたいと思います。

服部浩紀(はっとり・ひろき)

1971 年群馬県前橋市生まれ。前橋商―筑波大―横浜フリューゲルスなど。元バルセロナ五輪代表。前橋商時代は全国高校サッカー選手権２年連続ベスト４。大学卒業後、Ｊリーグ入りし 11 年間にわたりプレーした。現役引退後の 2015、16 年にザスパクサツ群馬で監督を務めた。現在はルーヴェン高崎ＦＣ代表(U-15 監督)。

第6章　男泣きのJ2昇格

無印戦略

2015年3月をもって教員生活に別れを告げた奈良だったが、運命のイタズラによってその3年後にはJリーグクラブ・ザスパの社長になっていた。社長就任1年目は、チームはJ3・5位で、収支は3500万円の赤字。2年目の2019シーズンは、正真正銘、〝乾坤一擲〟の戦いとなった。

1年でのJ2復帰を逃したザスパは、当然のことながら大幅なコストカットを迫られた。J3に降格した2017年の予算は、6億2000万円（300万の黒字）。J3・1年目の2018年は4億6000万（3500万の赤字）。J3留年によって、1年目のみに支給される9000万円の降格救済金がなくなるため、単純計算であれば3億7000万円の規模になってしまう。これは、Jリーグ全55チーム中のボトム5に入るほどの低予算。こうなれば、現実的にJ2復帰は至難になってくる。奈良社長は、取締役員と相談して、2019年予算を当初より6000万円アップの4億3000万に設定。リスクを負いながらも、クラブとして勝負へ出ていった。フロントは営業強化で6000万円分を補うことを目標に設定した。

まずは遠征費用を見直した。Jリーグクラブは通常、開幕前に3～4週間の春季キャンプを実施する。午前、午後練習に加えて、夕食後にミーティングを開くなどの共同生活によって戦術理解を加速させていく。多くのクラブが沖縄や宮崎などに滞在する中で、ザスパも2018年までは長崎・島原で2週間ほどのキャンプを行っていた。航空代、宿泊費などでキャンプ総予算は約700万円に達する。春季キャンプはチーム作りの重要なターンになるが、ザスパは断腸の思いで長崎キャンプをあきらめ、バス移動が可能な静岡や関東近郊でのミニキャンプに切り替えて大幅な予算カットを図った。そのほかにも1万円単位でチーム周りの予算を細かに見直した。まさに聖域なき構造改革だった。

選手獲得予算にあたる強化費は、約1億5000万円から約8000万円へダウンした。Jリーグからの救済金のマイナスが、チーム編成に重くのしかかってきたのだ。戦力面では、2018年に在籍した31選手中、若手5選手だけを残して大幅な選手入れ替えを敢行した。実際、チームに残したい選手もいたが、年俸の折り合いがつかなければ慰留を断念した。また、チームの顔として長きに渡りプレーしてきた松下裕樹（現前橋育英コーチ）、小林竜樹（現ザスパアカデミースタッフ）の功労者にも、忸怩たる思いで契約満了すなわち戦力外を告げた。

選手補強を担当した前強化本部長・飯田正吾は、選手整理に取り掛かる前に、2018年の検証を徹底的に行ったという。何ができて、何ができなかったのか。前年のチーム順位は5位だったが、攻守データを分析すると、総失点がリーグ2位の少なさだった一方で、総得点はリーグ13位。得点力不足が課題となった。さらにポジションバランス、年齢構成にバラつきがあった。それを踏まえた上で、補強計画に取り掛かった。

飯田は「2018年に昇格できなかったことで選手予算が下がるのは覚悟していました。ただ前提としてリストラありきではなく、昇格するためには何が必要なのかを考えていきました。布監督との話し合いを続ける中で、攻守のバランスを考えたときに昨季のメンバーでは難しいのではないかという考えに至りました。予算面も考慮して、年俸の安い若手に切り替えていこうという方向性を示し、最終的に奈良社長の承認をもらいました。前年度に頑張ってくれた選手20人以上に契約満了を告げるのは心が痛む仕事でしたが、チームを再生させるためには、この方法しかなかったのです。大量入れ替えを実行する以上、強化本部も責任を負う覚悟でした」と説明した。

奈良社長はこう振り返る。

「本来であれば選手予算をしっかりと確保して、監督、強化に預けるのが筋だと思いますが、財政難によって大幅な予算カットになってしまいました。そこに関しては、本当に申し訳ないと思っています。しかしながら、布さんと飯田強化本部長はクラブの財政を理解してくれた上で、去年以上に難しい仕事を引き受けてくれました。若手への切り替えを打診されたときは、一緒に船に乗るつもりで快諾しました。私は、予算を預けるのが仕事ですので、どんな選手を獲得するかはすべて飯田強化本部長に預けました。選手交渉は時間との戦いでもあります。その都度、社長に決裁を取っていては、まとまる話も決まりません。集まってきてくれた選手たちは、決して『ブランド品』ではなく『無印』でしたが、彼らの目をみたときに大きな可能性を感じました。ただ、その一方で、これで昇格できなければ、会社がダメになるかもしれないという覚悟も決めました。前商時代は、公立高校でしたので選手を集められるわけではありません。前商に来てくれた選手をどう育てていくかをコーチたちと考え続けていました。**選手、人間が育つことが良い組織の条件だと思います。ザスパが、そういう組織になってきた**という手応えも持ち始めていました」

無印戦略。補強戦略の鍵は、「ライバルチームのエースへのオファー」と「伸びしろある大学生の獲得」だった。ザスパはJ3リーグで実績を残した選手たちをリストアップ、沼津のエースストライカー青木翔大、鳥取の快速アタッカー加藤潤也ら、ライバルチームの背番号10にオファーを提示し、交渉をまとめた。ライバルチームからの選手獲得は、ザスパの戦力アップとともに、相手チームの戦力を下げる効果があった。クラブは、ライバルチームのエース獲得と並行して、他Ｊクラブのスカウト網から外れた大学生の獲得に動いた。布監督、飯田前強化本部長は、２０１８年12月時点で、行き場のなかった大学生を練習場に集めて、セレクションを実施。コーチ陣総出で、選手たちの能力とポテンシャルを見極めていった。

集まった大学生たちは、それぞれに武器を持ちながらも他クラブの獲得戦略から漏れた者たちだった。いわば、アウトレットのバーゲンセール。その場には、２０１９シーズンにＪ３得点ランク２位の17ゴールを挙げた高澤優也、ルーキーながらも全試合でゴールを守ったＧＫ吉田舜がいた。流通経済大の高澤は、他Ｊ２クラブの練習に参加していたがオファーが届かずにザスパのセレクションに参加、法政大の吉田舜は12月の全日本大学サッカー選手権で優勝したためＪクラブの練習に参加できずに引き取り手がいない状況だった。
　3日間にわたってピッチ内外のパフォーマンスをチェックしたザスパコーチ陣は、他Jスカウト陣が気付かなかった彼らのストロングを見抜いて、オファーを提示。さらにJ3アシストランク1位の9アシストをマークした右SB吉田将也、攻守のハードワーカー飯野七聖《ななせい》らも網にかけた。彼らの最初の年俸は各200万円程度。アウトレット価格だったが、シーズンでは、それぞれが存分に特長を発揮、最高のコストパフォーマンスで昇格の大きな原動力となった。昇格後には、高澤、吉田舜がJ1大分トリニータへ移籍、吉田将はJ2松本山雅に買い取られていった。結果的にザスパの無印戦略は的中することになる。

　ザスパの逆襲が始まったのは、シーズンの3分の1に差しかかろうとした6月1日の10節FC東京U－23戦だった。シーズン序盤は、大量入れ替えの影響もありチームの歯車がかみ合わずに9試合で2勝3分4敗の13位、J2昇格が至上命令ながらも大きく出遅れた。チームの昇格設定ラインは勝点64。34試合でその数字をクリアするには、シーズン敗戦数を６ないし７に抑えなければならない。にもかかわらず、９試合を終えた時点ですでに４敗を喫してしまった。チームはまたしても窮地に追い込まれた。そして布陣を〈３－４－３〉から〈４－２－３－１〉へ変更した。

ドロ沼どころか底なし沼に片足を取られた布監督を救い出したのは、高澤、吉田将らの無印軍団だった。高澤はそれまでゲーム終盤に途中出場していたが無得点、吉田将はベンチ入りの機会はあったがピッチに立つことはできていなかった。10節ＦＣ東京Ｕ－23戦でふたり同時に先発すると、チームの雰囲気は一変した。出場機会に飢えていたストライカー高澤と右ＳＢ吉田将の闘志あふれるプレーがチームに新たな活力を呼び込むことになっていく。

ザスパは前半32分に先制すると同40分に、高澤が左サイドからのクロスボールをヘッドで捕えてＪ初ゴール。後半16分には吉田将が約30メートルの弾丸ミドルを突き刺し、同期に負けじとＪ初得点を決めてみせた。ゲーム終了間際には高澤がこの日２点目となるゴールを流し込んで４対１で大勝。ザスパはこのゲームを境界線にして上昇気流に乗っていく。死の淵となったゲームで、大胆にも若手ふたりを先発させた指揮官の采配がずばりと当たる結果となった。

余談になるが、布監督は、日頃のトレーニングから選手の動きに目を光らせ、全体練習後の自主練でも選手の動向をすべてチェックしていた。最後までグラウンドに残っていた指揮官は、わずかな変化からも選手の状態、成長を読み取っていたのだ。その洞察力が、悲願達成の大きな要素となったのは確かだ。

大卒ルーキーふたりの活躍によって勢いをつかんだザスパは11節ガイナーレ鳥取戦でも高澤の2ゴール、吉田将の1ゴールによって5対0で勝利してみせた。

みんなが一つになった勝利

チーム、フロント、サポーターが一つになったのは、12節の長野パルセイロ戦だった。3連勝、そして上位浮上をかけたゲームだったが、ザスパの攻撃力を警戒した相手の手堅い守備によって試合は膠着状態に陥っていく。なかなかチャンスが作れない状況下、前半を0対0で折り返すと、ザスパは攻撃のパワーを高めていくが、どうしてもゴールをこじ開けることができない。ゲームはスコアレスのまま後半ロスタイムに突入していく。連勝が止まってしまうのか。

敵地のスタンドを埋めたサポーターが固唾を飲んで見守る中、ついにチャンスが訪れた。そのときの時間は後半49分。アタッカー加藤が鋭い飛び出しからカウンターを仕掛けると、選手たちが気力を振り絞ってゴール前へ駆け上がった。加藤のクロスパスを受けたのは田中稔也だった。地元群馬出身で2018年まで鹿島アントラーズに在籍した21歳のドリブラーは、迫り来るDFを華麗なステップでかわして左足でゴールを射抜いてみせた。次の瞬間、試合終了のホイッスルが鳴り響いた。

「ブザービーター」。バスケットボール用語で試合終了の笛が鳴る直前に放たれたシュートが入ることを意味するが、まさに奇跡のゴールとなった。自身のJ初ゴールとなった田中は、天を見上げて、歓喜の雄叫びを上げた。勝利の喜びに沸く選手たちは、ゴール裏のサポーターに向かって拳を突き上げた。ヒーローインタビューの場に立った田中は「この試合までチームの勝利に貢献できていなかったですし、チームメートに助けられていたので、今日は僕がなんとかしてやろうと思っていました。ゴールが決まった瞬間は頭が真っ白になりました」と目に涙を滲ませた。

試合後、選手たちはサポーターと喜びを共有、ザスパの勝利チャントである「草津節」を会場に響かせた。ザスパの応援をまとめるゴールリーダーの近藤淳は「ゴールが決まった瞬間に、選手たちがゴール裏に集まってくれて、一緒に喜びを分かち合うことができました。あの試合で、チームとサポーターが本当の意味で一つになれた気がしました」と振り返る。

田中のロスタイム弾をメインスタンドで観ていた奈良社長は、その瞬間に両手を握った。そして、周囲にいたサポーターたちと抱擁、握手をかわしてから、布監督、選手たちのもとへ向かっていった。

「あの試合は、ザスパにとってのターニングポイントでした。高校サッカーのときもそうでしたが、**チームが乗っているときは予想もつかなかったことが巻き起こる**ことがあります。高校サッカーの現場から離れていた私でしたが、当時の興奮がよみがえってきたようでした。あの戦いをみたときに、今季のチームであれば必ずやってくれると信じていました。あの勝利こそ、チームとファン・サポーターが一つになって勝ち取ったものだったと思います」

六文銭の旗を立てた戦い

団結の力。劇的な勝利によって確固たる手応えをつかんだザスパはそこから着々と勝点を積み上げて、８月31日の第21節時点でついに首位に立つことになる。進撃の原動力となっていたのは、度胸満点の大卒ルーキーFW高澤、とことんストイックなFW青木の両ストライカーだ。高澤は、10節でJ初ゴールを決めると、ペナルティーエリアの狩人となりゴールを量産していく。青木は、高澤の覚醒を刺激にして力強いプレーでゴールをこじ開けていった。24節までに高澤が14ゴール、青木が10ゴールをマークし、ザスパはクラブ新記録となる7連勝を果たしていく。
7~9月の10試合の戦績は8勝2分で無敗。破竹の勢いをみせたチームは首位固めに入るかと思われた。独走優勝か。あのときのチームは、それほどまでの強さを誇った。しかし、ザスパと奈良社長に、またしても悪夢が襲った。高澤と青木のダブルエースが同時期に負傷し、戦線離脱することになったのだ。24節沼津戦で負傷した青木は右ひざ前十字じん帯断裂で全治8カ月となり、シーズン中の復帰が絶望となった。一方の高澤は右足肉離れで全治1カ月、シーズン終盤の復帰見込みとなった。2019シーズンのザスパは、前年度に駒不足に陥った反省を踏まえて各ポジション2人体制を整えていたが、まさかのストライカー同時離脱。チームを襲ったアクシデントによって、ザスパのJ2復帰に暗雲が立ち込めることになった。

「9月までのチームであれば、ぶっちぎりで優勝していたと思います。先に失点しても追いつける力がありました。高澤と青木は細かなプレースタイルやストロングは違いますが、ともに高さのあるポストプレーヤーです。高さと決定力を持つふたりのエースがチームを引っ張ってくれていたのは間違いありません。今季のチーム編成では、各ポジションに2選手を準備していたので仮にどちらかが欠けても対応できるようになっていました。しかし、そのふたりがほぼ同時にケガをしてしまうという非常事態になりました。補強期間も終わっていましたし、追加で選手を獲得することができないまま、既存戦力で最後の山場を乗り越えていかなければならなくなったのです。とはいえ社長である私には何もできないので、布さん、選手を信じて、腹をくくるしかありませんでした。群馬にもゆかりある真田家は、三途の川の渡し賃となる『六文銭』を家紋にして戦いましたが、あのときのザスパも同じ。26節からの残り9試合は、六文銭の旗を立てた戦いとなっていったのです。ただ、会社のトップとしては、チーム、スタッフに対して不安をみせてはなりません。**竹には節《ふし》がありますが、それは高く伸びるために必要なもの。不遇を越えたときに組織は強くなれる**と自分自身に言い聞かせました」

ダブルエースを失ったザスパは、満身創痍の戦いとなっていった。26節秋田戦で2点をリードしながら追いつかれると、27節鳥取戦で敗れて、ついに首位陥落。得点力が著しく下がったことで攻守のバランスが守備に傾き、自陣でゴールを守る時間が増えていく。28節富山戦では、相手の猛攻を受けながらも決死の守備でゴールを割らせず執念のスコアレスドローで命をつないだ。29節熊本戦は1対1で後半ロスタイムを迎えた中で、若武者・田中がまたしても劇的なゴールを決めて5試合ぶりの勝利。3位のポジションで残り5試合へ向かうことになった。当初の予定では、この時点でエース高澤が復帰する予定だったがケガの回復が遅れて、依然としてストライカー不在の戦いを強いられた。昨季は残り5試合で失速し、J2昇格を逃しただけに同じ轍を踏むわけにはいかない。布監督は「いまは上位2チームに食らいついていくしかない」と総力戦を示唆したが、30節八戸戦で格下相手に引き分けに持ち込まれると、31節の首位北九州戦では0対1で痛恨の敗戦、昇格に赤信号が灯った。奈良社長は、眉間に深いシワを寄せた。

最終決戦への狼煙《のろし》

1位　北九州　勝点62　得失点差21
2位　藤枝　勝点57　得失点差12
3位　ザスパ　勝点54　得失点差22
4位　熊本　勝点54　得失点差7

残り3試合となった時点で、首位北九州の優勝、J2昇格は濃厚となった。J2昇格の残された椅子はあと一つ。ザスパは、残り3試合で3勝しても2位藤枝が全勝すれば追いつかない状況。自分たちが勝利した上で、相手が負けるのを待つしかない。他力本願となったザスパにとってアドバンテージとなったのは、得失点差で大きく上回っていたこと。勝点で並べば、順位で上を行くことができるのだ。ただし、負ければ事実上の終戦となった。

布監督は32節G大阪U－23戦で大勝負を仕掛けた。前橋育英出身のプロ1年目FW榎本樹（松本から期限付き移籍）を初先発させると、中盤には機動力ある若手選手を並べた。それは、慌てて勝ちを奪いにいくのではなく、負けない戦いだった。指揮官は、じっくりと勝機を待った。チャンスが巡ってきたのは後半開始直後だ。0対0で迎えた後半8分、左SB光永祐也がゴール前に送ったパスを、MF姫野宥弥がヒールパスで後方へ。そこに走り込んだ飯野が右足で矢のようなショットを突き刺して貴重なJ初ゴールを決めてみせる。どちらかといえば地味な役割を担っていた若手3人によるコンビネーションゴール。ゴールを決めた飯野は、大卒セレクションで合格した無印組。年間を通じて地道なトレーニングを積んできたが、大一番でチームを救う仕事をやってのけた。「よし！」。敵地パナソニックスタジアムのスタンドでは奈良社長が拳を握った。

「苦しいときに勝つ戦いではなく、負けない戦いを選択したことが、布さんのすごさでした。だれしも追い詰められたときは大きな戦果を得たいと思うのでしょうが、じっと堪えて勝機を待っていました。残り10試合は戦力的にも厳しかったと思いますが、負けたのは２試合のみ。苦しいゲームを引き分けでしのいで、可能性をつないでいきました。焦るな。あの戦い方からは、こんなことを学ばせてもらいました。会社経営も、**焦って動くのではなく、勝負の刻をじっくりと見極めることが必要なのだと思います。単に先延ばしにするということではなく、いつでも勝負に出られる準備が大切**ということだと思いました」

ラスト２戦となった33節岩手戦は、ザスパのホーム最終戦となった。依然として負けられない戦い。好材料は、高澤が前節からベンチに復帰し、後半に25分間プレーして試運転を行っていた。ザスパは、この試合もエースをベンチに温存してキックオフを迎えた。今節は、２位藤枝対17位ＹＳＣＣ横浜のゲームが同時刻にスタートした。順位的にも藤枝勝利が濃厚の状況下、ザスパのファン・サポーターは、スマホで藤枝戦のスコアを確認しながらの観戦となった。

ゲームは開始７分に動いた。とはいってもザスパではなく、藤枝だった。藤枝がＰＫ

で失点したのだった。その情報は、さざ波のようにスタンドに広がった。さらに前半22分、32分にもゴールを奪われて、藤枝が前半で0対3となるザスパにとっては思ってもみない展開。ザスパは、岩手戦で勝てば勝点で並び、得失点差によって2位に浮上することになる。スタジアムのさざなみは、次第に大きな波となり、選手たちの背中を押していく。

籠城戦。

前半をスコアレスで折り返したチームは、後半にじわじわと攻撃の圧力を高めていく。指揮官は、後半10分に切り札・高澤を投入し勝負に出た。しかし、ゴールがなかなか生まれない。スタンドのファン・サポーターが祈るようにして見守る中での後半41分、佐藤祥のミドルシュートがクロスバーを叩いたあとの跳ね返りを、高澤がヘッドで押し込んで、決勝点を奪った。それは、ザスパがJ2復帰に王手をかけた瞬間だった。

ホーム最終戦は、試合後にファン・サポーターへの感謝を込めてシーズン終了セレモニーが行われる。ザスパが勝てば、どんな形でも最終順位は最終戦へ持ち越しになるが、

2019 年 33 節ホーム最終・岩手戦でのセレモニー
奈良社長は、最終戦でのＪ２昇格へ向けて、言葉に力を込めた

もしものことがあればホーム最終戦が終戦セレモニーになるかもしれなかった。修羅場をくぐり抜け、逆転昇格の可能性を手繰り寄せた奈良社長は、興奮気味にマイク前へ立った。

「今日は、みなさんの応援のおかげで勝つことができました。そして自力優勝の切符をついにつかみました。ありがとうございます。実は、このセレモニーにあたって、皆様に話す内容を何も考えてきませんでした。**今日、勝つことしか頭になかった**のです。布監督、コーチングスタッフ、選手たちが一丸となって戦ってくれました。それを後押ししてくれたサポーター様、スポンサー様、群馬県民、すべてのザスパファンの皆様の力が一つになったと確信しております。私が就任時にお話させていただきました『団結』と『笑顔』の力で、最終・福島戦も勝って参ります。アウェイの地まで応援にお越しいただける方、ぜひ応援よろしくお願いします。現地へ行けない方のためにはパブリックビューイングも予定しております。どちらも難しい方は、ウェブ中継サービス『DAZN（ダゾーン）』に加入して、応援よろしくお願いします。皆様の力で勝たせてください」

情熱とユーモアを交えた奈良社長の言葉は、最終決戦への狼煙となった。

勝利を確信させたスタンドの光景

12月8日の最終・福島戦の試合会場は、ザスパのホーム・正田醤油スタジアム群馬から車で約3時間半の位置にある福島県福島市・とうほうみんなのスタジアム。当日早朝から東北自動車道のサービスエリアは、ザスパユニフォームをまとったファン・サポーターでにぎわった。彼らは、ザスパのJ2復帰だけを願って、寒気舞う高速を北上していった。奇しくも敵地福島は、2018年のJ3開幕戦で苦杯をなめた場所だ。そこが最終決戦の場となったのも何かの縁。必勝。勝って昇格を決めることが、ラストミッションとなった。

敵地のスタジアムは、ゴール裏、バックスタンドに座席はなく、ザスパのファン・サポーターはメインスタンドに集結した。クラブカラーである濃紺に染まったスタンド。公式発表は800人だったが、試合開始間際に駆け込んできたファンも多くいたため実際には1000人以上が詰めかけていた。さらに地元のパブリックビューイング会場にも1000人近くが足を運んだ。2005年のJリーグ昇格以来の15年間、どんなアウェイ戦でも見たことがなかった光景。スタンドの斜度は高く、ピッチから見上げると迫力があった。サポーターたちは試合開始前からチームチャントを目一杯のボリュームで奏でて、決戦へ臨む選手たちを鼓舞。大旗が雄々しく振られ、小旗がたなびいた。共闘。キックオフ直前には、スタンドを覆う伝統のビッグフラッグも登場、舞台は整った。

「あのサポーターの光景をみたとき、絶対に勝てると思いました。根拠は、まったくなかったですが、長年、サッカーの世界で戦ってきたカンのようなものが働きました。**あれだけ多くの人たちが福島まで来てくれたことで、私自身も勇気付けられました。これまでの道が間違っていなかった**のだと感じました」

ザスパは立ち上がりから猛攻を仕掛けた。勝って、昇格を決める。直近2試合は手堅い戦いをみせていたが、最終戦では選手たちが気迫みなぎるプレーを実践、否が応にも足が前へと出ていく。栄光に飢える若獅子たちは、立ち上がりから次々とビッグチャンスを演出していった。しかしながら会心のショットがクロスバーを叩くなど、ゴールを割ることができない。ゲームは、ザスパが主導権を握りながらもスコアレスで後半へと進んでいった。

2019 年最終・福島戦でＪ２昇格を決めたザスパ
敵地のスタンドには多くのサポーターが駆けつけた

後半のアドバンテージは、アウェイ側メインスタンドを埋めたサポーターだった。ゴールに向けて突っ走る選手たちの真横から、ピッチへエネルギーを注入していく。選手とサポーターの執念が結実したのは後半３分のことだった。右サイドでＦＫを得るとＭＦ姫野宥弥がゴール前に低いキックを送り込む。そのボールは相手守備陣の間を抜けて、ＤＦ渡辺広大の腰元へ向かっていった。

閃光。次の刹那、渡辺が右足ボレーでかぶせるように捉えたボールが、鋭い軌道でゴール右隅に突き刺さった。

2019年最終・福島戦。渡辺広大のゴールでザスパが先制を果たした（左から２番目が渡辺）

市立船橋出身の渡辺は、布監督の教え子。今季、布監督を慕ってザスパへ加入した。指揮官が絶対的な信頼を置く闘将は、シーズンを通じてＤＦの大黒柱としてフル出場する一方で、ムードメーカーとしてチームを固くまとめた。そんな男の鮮やかな先制ゴール。渡辺は雄叫びを上げながらスタンドへ向かって走った。今季のチームの象徴でもあった渡辺のゴールによって、スタンドのムードは最高潮。興奮冷めやらぬ後半10分には、伏兵・ＭＦ磐瀬剛がＰＫを獲得、それをエース高澤が冷静に決めて、リードを２点に広げた。

チーム、スタンドには安堵の色が広がったが後半39分に福島に1点を返されると事態は一変する。別会場で最終戦を戦っていた3位藤枝が後半アディショナルタイムに勝ち越し、その時点で勝点で並ぶことになったのだ。1点差にされたザスパがドローで終われば、3位へ転落。J2昇格が手のひらからこぼれ落ちることになる。頼む、守り抜いてくれ。頼む、逃げ切ってくれ。チーム、フロント、ファン・サポーター……ザスパを愛するすべての人の魂の叫びは、ピッチに立つ選手たちの勇気となった。そして、長かったロスタイム4分間が過ぎたとき、ザスパのJ2復帰を伝えるホイッスルが冬色の空に鳴り響いた。1ゴール差での昇格だった。

スタンドで観戦していた奈良社長は試合終了に合わせて階段を駆け下り、ピッチサイドでその瞬間を待った。笛はまだなのか。選手が自陣ゴール前から大きくボールを蹴り出したときに、乾いた笛の音を聞いた。

「私に課せられた責任を果たすことができてホッとしました。1年前の敵地藤枝戦で昇格が断たれて、サポーターに悲しい思いをさせてしまったので、その恩返しをしたいと思っていました。この2年間、苦しいこともありましたが、社長を受けた以上は、へこたれてたまるかという気持ちでやってきました。2017年にザスパがJ2へ降格したのは、J3だった栃木がゲーム終盤に同点ゴールを決めて2位になったから。その境界線は1ゴールでした。そして、今回、ザスパがJ2に戻れたのも、1ゴールの力です。長いシーズンを戦ってきて、いくつものゴールが生まれている中で、運命を決めるのは最後の1ゴール。これがサッカーの一番の魅力であり、恐さかもしれません。人生を振り返ると、分岐点には一つの出来事や、1人との出会い、一つの失敗などが思い浮かびます。そう考えると、**一日一瞬にどれだけ真剣に向き合えるかが大切だと考えます。一瞬で、人生を変えることができるのです。ただ、そのためには日々の積み上げが欠かせません。**ザスパが昇格できたのも1ゴール、1勝のおかげ。そのために努力してくれた布さん、選手たちに感謝しています」

この2年間の出来事が走馬灯のように駆け巡る。家族の猛反対を押し切って大役を引

ザスパは2019年最終・福島戦で昇格を決めた
奈良社長は、布監督と固い握手を交わし喜びを共有した

き受けた奈良社長の目からは、自然と涙があふれ出ていた。就任時、周囲には疑心の目を向ける者もいた。1年目に昇格を果たせなかったときは陰で嘲笑された。それでも決して逃げなかった。いつの時代も闘う者を笑うのは、闘わない者。勝負の世界に生きた奈良社長は、闘うことの尊さを知っていた。

過去にすがるな。いまを生きろ。実績やプライドを投げ打って人生最後の勝負に出た教育者は、前橋商時代のかつての教え子たち、ザスパのファン・サポーターにそれを伝えたかった。

65歳の元教員社長は、ベンチサイド

昇格決定後、奈良社長は応援歌「草津節」に合わせて
湯桶を揺らした

に布監督の姿を見つけると、抱擁をかわした。高校サッカーの縁で再び出会ったふたりの間に、言葉はいらなかった。社長と監督として過ごした時間、喜怒哀楽を共有しながら、互いの立場で任務を遂行した。そして、社長就任時に掲げた「団結の力」「笑顔のスタジアム」「J2復帰」というミッションをコンプリートしてみせた。

スタンドの片隅では、群馬から駆けつけていた妻・恵子と長男・章弘の家族が、その光景をじっと見つめていた。長男・章弘は「母も私たち家族も、ザスパの社長就任に表向きでは反対していまし

Ｊ２昇格を決めたザスパ。選手たちは
スタンドをバックに記念撮影を行った

たが、心のどこかではまたサッカーに携わってほしいと思っていました。サッカーの現場に立つ父の姿をもう一度見ることができて本当に幸せでした」と目を細めた。

奈良社長が、ベンチサイドでフロントスタッフと喜びを分かち合っているとき、選手たちはピッチ中央で円陣を組んでいた。「社長、早く来てください！」。そんな声を聞いた奈良社長は、涙を袖で拭い、小太りの体を揺らして選手たちのもとへ走った。そして、選手たちがつくる円陣の輪に消えていった。

2019 シーズン　J3　最終順位表

順位	クラブ名	試合数	勝	分	負	得点	失点	得失点差	Pts
1	北九州	34	19	9	6	51	27	24	66
2	**群馬**	**34**	**18**	**9**	**7**	**59**	**34**	**25**	**63**
3	藤枝	34	18	9	7	42	31	11	63
4	富山	34	16	10	8	54	31	23	58
5	熊本	34	16	9	9	45	39	6	57
6	セレッソ大阪U−23	34	16	4	14	49	56	−7	52
7	鳥取	34	14	8	12	49	59	−10	50
8	秋田	34	13	10	11	45	35	10	49
9	長野	34	13	10	11	35	34	1	49
10	八戸	34	14	6	14	49	42	7	48
11	福島	34	13	4	17	45	53	−8	43
12	沼津	34	11	6	17	35	43	−8	39
13	Y.S.C.C.	34	12	3	19	53	65	−12	39
14	讃岐	34	10	9	15	33	49	−16	39
15	相模原	34	10	8	16	36	45	−9	38
16	FC東京U−23	34	9	9	16	43	52	−9	36
17	ガンバ大阪U−23	34	9	8	17	54	55	−1	35
18	盛岡	34	7	5	22	36	63	−27	26

サッカーを知り尽くした社長がいることで僕らは安心して戦えます

ザスパクサツ群馬
渡辺広大

前橋商・奈良先生という名前は高校サッカー界で広く知られていましたが、僕の高校時代（市立船橋）には、すでに一線を退かれていたこともあり、どんな方なのかは知りませんでした。僕が2019年にザスパに期限付き移籍してきたときに初めてお会いしたのですが、朗らかな感じで『良きお父さん』というイメージでした。でも、仕事の場では表情が一変しました。布監督同様に高校サッカーの監督として実績を残された人は、何事にも動じない強さと器の広さがあります。やはり数々の修羅場を乗り越えてきた雰囲気がありました。

Jリーグクラブを運営する社長として、社内では物事や礼儀に対してすごく厳しいと聞いていますが、グラウンドでは常に僕ら選手たちを勇気付ける言葉をかけてくれていました。そこには選手へのリスペクトを感じます。「お前たちは、クラブのことは何も心配せずに、ピッチで頑張ってくれればいいぞ」と伝えてくれていたことが印象に残っています。練習やテストマッチにも頻繁に見学に来てくれて、社長という立場ですが壁を作ることなく気さくに声をかけてくれていたので、僕らは親しみやすかったですし、頼もしく感じていました。布監督に現場は任せて、環境づくりに専念してくれていたと思います。社長と監督の良い関係性がみえていたので、選手にとってはプレーしやすかったです。

2019年のシーズン序盤に結果が出ないときには一度、僕らベテラン選手たちを食事に招いて気分転換をさせてくれました。奈良社長は特に何を話すわけでもなく、テーブルの端でニコニコしながら僕らを見守っていてくれました。

J2昇格をかけた2019シーズン最終節・福島戦では、僕が先制ゴールを決めることができました。右足のハーフボレーでしたが、僕のプレースタイルを知っている人であれば、だれもが信じられないようなシュートだと思ったことでしょう。あれはチーム、スタッフ、ファン・サポーターのみんなの思いが生んだゴールだと思います。昇格が決まったあとのピッチ上での円陣に、奈良社長を呼びましたが、みんなが「社長！」って言って、揉みくちゃになっていました。あの距離感が、クラブの良いムードをつくっていたと思います。奈良社長の笑顔は忘れられません。

僕らは「奈良社長や布監督のためにやらなければいけない」と思っていたので、それが実現できて本当に良かったと思います。布監督はザスパを離れましたが、奈良社長はその後もクラブを力強く牽引してくれています。サッカーを知り尽くした経営者がいることはクラブの大きな武器です。ザスパはJ2昇格を果たすことができましたが、挑戦は続きます。ともに夢の続きを追うことで、奈良社長をさらに男にしてあげたいと思っています。

渡辺広大(わたなべ・こうだい)

1986年千葉県生まれ。市立船橋―ベガルタ仙台―モンテディオ山形―レノファ山口―ザスパクサツ群馬。技術と戦術眼を備えた本格派ディフェンダー。市立船橋時代は、布啓一郎ザスパ前監督から指導を受ける。2019年、布前監督の縁でザスパに期限付き移籍。ゲームキャプテンとしてフル出場し、J２昇格の原動力となる。2020年はザスパに完全移籍し、キャプテンを務める。

第7章　一勝懸命

会《え》者《しゃ》定《じょう》離《り》

一難去ってまた一難。困難は、奈良社長に安堵の時を与えなかった。ザスパは2019年12月8日のJ3最終戦で勝利し、J3・2位で悲願のJ2復帰を決めた。奈良社長（元前橋商サッカー部監督）と布監督（元市立船橋サッカー部監督）という高校サッカー名将同士の絆によって達成されたものだった。

だが、奈良社長の周辺は慌ただしかった。敵地福島で昇格の瞬間を見届けたサポーターたちが激闘の余韻に酔いながら夢気分で群馬へ戻り、地元群馬で試合を見守ったサポーターたちが祝杯を上げている頃、奈良社長は一抹の不安を覚えながら、スタッフとともに復路を飛ばしていた。その夜に、急遽、布監督との契約交渉の場が設定されたからだ。奈良社長の喜びは、一瞬にしてフリーズドライされた。

ザスパと布監督は、単年契約。複数年契約の場合、チーム低迷で監督解任となればクラブには契約期間の支払いが発生する。低予算クラブ・ザスパにとってはリスクが伴うため、布監督自身の配慮により1年契約を結んでいた。クラブ側は、今季の結果を待った上で契約延長交渉を行う予定だった。

チームはシーズン終盤に昇格圏から転げ落ち、昇格か再留年か極めて微妙な状況となっていた。ザスパは30節で八戸と引き分け、31節で北九州に敗れた。その時点で、布監督は、クラブサイドに「昇格できなければ、私が指揮を執る権利はない。2年連続でJ2に上がれなければ責任を取ります」と伝えていたという。残り3試合、布監督は〝辞表〟を懐に入れてゲームに臨んでいたのだった。

昇格決定後、チームはスタンドのサポーターと喜びを共有、スタンドから黄色と紺の紙テープが一斉に投げ込まれて、セレブレーションの時は終わった。監督、選手たちはロッカールームへ引き上げて、最後のミーティングが開かれた。その場には奈良社長も立ち会っていた。チームスタッフ全員の眩しい笑顔が室内に弾ける。布監督は選手たちに向かって「ありがとう」と感謝した上で、「ライフ・イズ・ア・チャレンジ（Life is a challenge）」という言葉を伝えた。指揮官の人生訓で、アメリカ・メジャーリーグの片腕投手ジムアボットが発したフレーズだ。

アボットは、生まれつき右腕がないハンデを抱えながらも野球にチャレンジし、ノーヒットノーランを達成するなどメジャー通算87勝を挙げた。布監督は「トライとチャレンジはともに挑戦するという意味ですが、チャレンジには克服するという意味もあります。人間だれしも弱い部分や、足りない部分があります。それを克服していくことが大切。それが人生かなと思います。だから意志ある限りチャレンジを続けていきたい」とザスパ監督就任時に話していたが、そのときと同じ言葉を選手たちに伝え、自身の価値を高めていくことを求めた。選手、スタッフは指揮官の言葉に聞き入っていたが、意外だったのは、ミーティングの最後に、今季のチーム活動がこの日を持って終了する旨が告げられたことだ。一般的にはシーズン終了から1週間はトレーニングを行うが、突然のチーム解散。選手たちには戸惑いが広がった。布監督の変化を察した奈良社長は、その夜に話し合いの場を持つことを決めた。

実は、その数日前に、布監督には一本の電話が入っていた。指揮官によれば、それはJ1からJ2へ降格していた松本山雅からだった。「次期監督の候補にリストアップさせてもらいます」。この連絡が、チームの運命を大きく変えていくことになる。ザスパは最終戦で勝てば、昇格をつかみとる。布監督は、もし敗れれば自ら身を引く覚悟。勝って昇格を決めれば……松本山雅からオファーが入る可能性が濃厚となっていた。結果的には、どちらに転んでも布監督との別れが待っていた。

奈良社長は、前橋市内の料亭で布監督を待った。激闘を振り返り、昇格を労ったのち本題に入った。「来季もチームを任せたい」。奈良社長は、布監督の心の内を探りながら契約条件を提示し、慰留に努めた。指揮官は「他からの話もあるので考えさせてほしい」とだけ答えてその場をあとにした。旧友と言えども、交渉を長引かせることは互いにとって好ましくない。ザスパとしては、交渉がまとまらなければ次期監督を探さなければならない。奈良社長は、2日後の12月10日に交渉のデッドラインを定めて、返事を待つことになった。

「布さんと私はものすごく大親友です。その縁があったからこそ、ザスパの監督になってくれたと思います。布さんもJリーグの監督に興味がある中で、双方のタイミングが合致しました。紆余曲折がありながらも2019年シーズンでJ2昇格という結果を得ることになって、布さんが次にチャレンジしたいという気持ちは十分に理解できました。私は、公立高校の教員としての道を選びましたが、布さんは教員を辞めてプロの指導者になりました。**リスクを背負っている以上、結果を残せば次の場所を選ぶ権利があるのです。『なんとか、頼むよ』の世界ではありません。**個人的には『それでも布さんはザスパに残ってくれる』と信じていましたが、それは叶わぬものになったのです」

布監督は、12月9日に松本山雅側と交渉。その日に奈良社長へ断りの連絡を入れた。そして12月10日、クラブ事務所に挨拶へ訪れた。事務所前で待ち構えた記者たちの取材に応じた指揮官は「まずザスパをJ2へ戻すことができて良かったという思いです。

昇格決定後、布監督が退任へ
奈良社長は、笑顔で指揮官を送り出した

私は市立船橋の教員を辞めたあとに、日本サッカー協会に入り、U－16、U－19という世代別の日本代表監督を任されました。代表で思うような結果を残せないままその後はJ2岡山のコーチで再び勉強をさせてもらっていました。いつかJリーグの監督をやりたいと思っていたタイミングで、ザスパ、そして奈良社長にチャンスをいただきました。2018年は5位で終わりJ2昇格を逃したわけですが、その時点で契約を切られていてもおかしくない中で、もう一度、チャレンジの場を与えてくれた奈良社長に感謝しています。契約についてですが、契約は単なる金銭面の約束ではなく『当事者同士が合意した目標達成に向かって全力を尽くすという法律行為』です。その契約を成就できたことに対してホッとしています。私は還暦を迎えるのですが、個人の信念として前年度と同じでは後退だ、という考えがありまして、ザスパのミッションをクリアしたとき、新しいチャレンジをする時が来たのかなと感じました」と、ザスパを離れる理由を説明した。

そして「ザスパは予算規模も小さく、スポンサー数も限られていますが、逆を返せば、まだまだ可能性が大きいクラブであると言えます。この2年間、奈良社長のもとでチームは劇的に変わりました。私の力は限られていますが、地域の可能性は無限です」とエールを送った。ザスパをJ2復帰へ導いた指揮官は、そよ風のように去っていった。

会者定離。

奈良社長は、一人の友人として「布さんとはこの2年間、苦労をともにしてきたので

Ｊ２の舞台で一緒に戦いたかったというのが本音です。**出会いと別れは、背中合わせです**」と布監督への思いを話した一方で、クラブの社長として舵を切らなければならなかった。出会いには必ず別れがある。試合終了の笛は、次の試合への始まりだ。悲しみにふけっている時間はなかった。布監督を、笑顔で送り出すと、次なる手を打っていくことになる。

原点回帰

ファン・サポーターにとっては、まさかの布監督退任。クラブには再び暗雲が立ち込めることになった。Ｊ２再昇格を果たしたチームを引き継ぐのは簡単なことではない。次期監督はだれになるのか。様々な憶測が飛び交った。奈良社長が下した決断は、意外でありながらも理にかなったものだった。奈良社長は、クラブ理念を理解した上でさらに上書きができる人物として、Ｊリーグ昇格前のザスパで初代監督を務めたクラブレジェンド奥野僚右を呼ぶことを決めた。奥野はザスパというクラブが草津温泉で誕生した2002年に初期メンバーとして加入、選手兼任監督として2年間にわたりプレーしチームを群馬県リーグから日本フットボールリーグ（JFL）へと昇格させた功労者で、彼が背負った背番号「31」は永久欠番となっている。2003年までプレーし、古巣鹿島アントラーズコーチ就任のためザスパを離れた。

さらにGKコーチには、同じくザスパ初期メンバーの小島伸幸を抜擢。小島は、群馬県出身の元日本代表選手で、ザスパJリーグ昇格の原動力となった。奥野、小島という二人のクラブレジェンドを迎えたザスパは、「原点回帰」によって新たな一歩を踏み出すことになる。レジェンドたちのクラブ復帰に、ファン・サポーターは沸いた。

「奥野監督は、ザスパの歴史の第1章を知っている人物。2度目のJ2昇格を果たした今だからこそ、原点に戻る必要があるのではないかと思いました。2002年にザスパは誕生しましたが、当時の選手、スタッフはすでにクラブにはいません。**我々は、Jリー**

2020年の新体制発表会。奈良社長は奥野僚右監督（右４番目）、小島伸幸GKコーチ（右２番目）らと新たな船出

グを目指してハングリーな気持ちで戦っていた時代から学ぶ必要があります。実績やキャリアに加えてザスパの歴史を知っているという意味で、奥野監督が適任であると考えました。ザスパが始動した2002年に私は前橋商の監督だったので、群馬県内の大会などで、何度か奥野監督と話をしたことがありました。ひたむきな姿勢でサッカーに取り組んでいましたし、謙虚な好青年という印象が強く残っていました。あれから18年が経って一緒に戦うことになるのですが、人生の点と点がつながり、一つの線になったと考えています。ただし、人柄だけで選んだわけではありません。チーム

として結果を残してくれる指導者だと確信して、監督に任命させてもらいました」

J2復帰イヤーとなる2020年の目標は「J2残留」。勝点50、16位以上という現実的な数値目標を立ててJ2リーグでの生き残りをかける。「勝点50、16位」という数字は、J2が現行制度となった2013年以降のチーム成績からはじき出した。2020年のJ2は22クラブ中12チームが元J1。これまでのチームは「J1昇格」という理想を追ってきたが、そこに到達するには、戦力、予算的にもクラブとしてスケールアップする必要がある。実現が難しい目標を設定して足元を見失うよりも、まずはチームの土台を固めるアプローチを試みる。

笑顔があふれるスタジアム

奈良社長はチーム始動後、奥野監督、小島GKコーチとともにクラブ発祥地・草津町へ、必勝祈願に出かけた。現在のクラブ拠点である前橋市から車で約2時間。奈良社長は、ふたりを温かく出迎えた草津町のサポーターをみて、ザスパの原点に触れたという。Jリーグでは背番号12がサポーターナンバーになっていることが多いが、「12番目の選手たち」という意味を理解した気がした。

「Jリーグ昇格前から応援してくれていた草津町の方々が、奥野監督、小島GKコーチが大好きだったことがわかりました。当時の選手たちも、このように愛されていたのでしょう。ふたりを歓迎する様子は、選手とファンという立場ではなく一緒に戦った仲間が帰ってきたような雰囲気でした。『奥野さん、子供が生まれたので一緒に写真を撮ってください』とか、微笑ましいものでした。そういうシーンをみて、いろいろと学ぶものがありました。当時と比較して、クラブ規模も大きくなりましたし、環境も変化しましたが、その中で何ができるかを考えていかなければいけないと感じました。そしてサポーターは、スタジアムで一緒に戦う仲間。一緒に成長していく貴重な戦力。そう考えれば、おのずと行動が決まってきます。私たちは、サポーターを含めて『全員戦力』。

J2に上がったこれからが本当の戦いだと考えています」

奥野監督率いるザスパは、2020年のJ2開幕戦でホームにアルビレックス新潟を迎えた。開幕戦チケットは2月上旬に発売が開始されたが、Jリーグ屈指の観客動員力を誇る新潟サポーターの後押しを受けて、前売り時点でクラブ史上初の全席完売となった。ザスパ史上3位となる1万1038人が訪れたスタジアムは、ザスパの新たな歴史のスタートを感じさせた。結果は0対3で敗れたが、観客からは大きなエールが送られた。多くの観客を受け入れるために各方面で細かな調整を図ってきた奈良社長は、笑顔あふれる超満員のスタジアムと、降格イヤーとなった2017年の殺伐としたスタジアムを心の中で見比べていた。

「この2年間でスタジアムの雰囲気がまったく変わりました。これは私一人の力ではなく、チーム、選手、フロントスタッフ、スポンサー、ファン・サポーターが一つのチームになれたからだと思います。**笑顔があふれるスタジアムを作り上げられたことは、も**

ザスパのホーム正田醤油スタジアムのゴール裏応援席
奈良社長就任後、スタジアムの雰囲気は大きく変わり
笑顔が溢れている

しかしたらＪ２復帰という結果よりも価値のあることかもしれません。Ｊ２では厳しい戦いが続くと思いますが、このスタジアムが生み出すパワーがチームに大きな力を与えてくれると思っています」

開幕戦を終えたザスパは2節甲府戦へ準備をしていたが、2月25日に状況は変わった。Ｊリーグが新型コロナウイルス感染拡大防止の一環としてリーグ戦の延期を発表したのだ。Ｊリーグ長期中断は、２０１１年3月の東日本大震災のとき以来。当初は、3月18日再開予定だったが、事態が終息しないことなどから再開は不透明になった（4月上旬現在）。感染が世界へと拡がり、先が見えなくなっている状況下、ザスパにも多くの難題が押し寄せている。試合延期が続けば、収入が一時的に止まるため財政基盤を圧迫することが予想される。無観客試合についても考えなければならない状況になるかもしれない。さらに試合がずれ込むことでシーズンが過密日程になることが確実。奈良社長はJリーグ実行委員会に参加する一方で、ビデオ会議システムでのオンライン会議にも加わり、村井満チェアマンや他クラブ社長との協議を続けている。

「まさかこんな事態になるとは想像もできなかったことです。新型コロナウイルスは、クラブ、Jリーグという問題ではなく、日本、または世界にとっての危機だと考えています。まずはこの問題が終息することを願うのみです。Jリーグのビデオ会議については、若手社員にパソコンやスマホの設定をしてもらいながら、なんとか参加しています。何度も言っていますが、この年齢になってこれほどの仕事を任せてもらえるとは思ってもみませんでした。Jリーグの会議に参加して実感するのは、村井チェアマンがリーグ全体のことを考えて話を進めてくれていることです。私たちザスパは低予算クラブですが、ビッグクラブ同様にＪリーグの仲間として考えてくれています。『Ｊリーグ全体が一つになって、この危機を乗り越えていきましょう』と話してくれていることに、勇気付けられています。リーダーシップのあり方を学ばせてもらいました。そのような言葉を受けて、私たちはＪリーグというチームの一員として責任ある活動をしていかなければならないと強く思いました。またクラブとして危機対応をしていく一方で、**地域や社会のために何ができるかを社員と一緒に考えていきたい**と思っています」

一つの勝利の先に

２０１８年２月のＪリーグクラブ・ザスパ社長就任から約２年間が経過した。２０１９年にチームはＪ２復帰を果たし、同年は２５００万円の黒字となった。チーム成績・経営の両面で成果を上げた。奈良社長は日々、分刻みのスケジュールをさばきながら奔走している。就任初日から行っている朝礼での「今日の言葉」はいまでも続き、伝えた言葉は3冊のファイルにすべて収められている。スマホにはチームスタッフや社員たちからの報告や相談がひっきりなしに届き、返答に追われる。両肩にのしかかる責任は決して軽くないが、戦い続けたことで得た揺るぎない勝負勘を前面に出して指揮を執る。しかし最近は変化が出てきているという。

「最初は眠れない日もありましたが、いまは一人で背負っているというよりも、みんなでチームを引っ張っている印象です。それだけスタッフが頑張ってくれているということでしょう。私は経営の知識も経験もなく、一人の力では何もできません。アフリカのことわざに『早く行きたければ一人で行け、遠くへ行きたければ皆で行け』というものがありますが、**チームだからこそ高い場所を目指せます。あらためてチームで戦うことの素晴らしさを感じています。経営の本質はサッカーと同じで、チームワークに尽きるのではないかと考えています**」

Ｊ２昇格の同志・布前監督は、チャレンジの場を求めて新天地へと旅立った。一方で奈良社長は、ザスパでチャレンジを続けながら次世代へタスキをつなぐ準備も考える。

「環境を変えてチャレンジすることは一つの方法です。ただ、新しい場所へいかなくてもチャレンジすることは可能です。世の中の人で次々と場所を変えて挑戦できるのは、ほんのひと握りのエリートだと思います。**私のような雑草は、いまの場所、もしくは与えられた場所で頑張るしかありません。**ときには自分が望まない場所で挑戦しなければならないこともあるでしょう。私が社長になったのはこのクラブをなんとかしたいという思いからでした。定年も過ぎていましたし、チャレンジしたくて、ここに来たわけではありません。『お前がやらなかったらだれがやるんだ』という天の声だった気がします。でも、**いつの間にか、自分のためではなく、チームのため、ファン・サポーターのため、地域のためにチャレンジしなければいけないと思うようになっていった**のです。多くの方々の協力のおかげでＪ２復帰という当初の目的を果たすことができましたが、私はもう65歳となりました。次世代に引き継げる確固たるクラブビジョンを作っていくこともチャレンジの一つと考えています」

奈良社長が大学卒業後に前橋商サッカー部監督となったとき、当時の3年生全員が辞めた。新米教師は、残った1・2年生たちと、まず1勝を目指した。試合に勝つと次の目標が見えてきた。最初の年は、大会で負け続けたが、しだいに地力をつけて優勝を目指せるチームになっていった。就任3年後にインターハイに出場し、就任7年目で全国高校サッカー選手権初出場を果たした。当初の目標は1勝だったが、どれだけの坂を登っても次に見えてくるのは1勝だった。トーナメント戦は、1段しか登れない。目の前の試合に、1戦1戦、勝っていくしか頂点にはたどり着けない。1988年度、1989年度には2年連続で全国高校サッカー選手権ベスト4へ進出したが、どこまで進んでも、次に立ちはだかるのは一つの勝利だった。山は、山頂が近づけば近づくほど険しさが増す。勝負は、ときに残酷だ。それでもセンターサークルに立ち続けることで強くなれる。熱血指揮官は、選手たちと喜怒哀楽を共有しながら、1勝の価値を伝え続けた。38年間の教員生活後、運命の仕業によってザスパの社長に就いたが、J2昇格という目標を果たすためには、１勝を積み上げていく以外に方法はなかった。高校時代と違うのは、選手を直接指導する監督の立場ではなく、社長だったこと。組織を整え、社員を育て、チームを支えることで、１勝を手繰り寄せた。２０１９年、ザスパは最後の１勝で、Ｊ２復帰を成し遂げた。

一勝懸命。

明日の朝も、奈良社長はスマホのアラームをチャイム代わりにして朝礼を始める。人生最後にして最大の挑戦は、日々、己との戦い。元高校サッカー名将として名を馳せたＪリーグクラブ・ザスパ社長は、懸命な気持ちで、勝利を目指す。一つの勝利を追求した先にだけ見える世界がある。

（原稿の表記は2020年3月末現在）

奈良知彦（なら・ともひこ）

１９５４年11月8日、群馬県前橋市生まれ。前橋五中－習志野高－東海大。大学卒業後の１９７７年（昭和52）、前橋商業高に着任し、サッカー部監督に就任。全国高校サッカー選手権大会10回出場、2度ベスト4。前橋商業で27年間、サッカー部を指導したのち藤岡工業教頭、市立前橋教頭、校長を歴任。２０１８年2月からザスパクサツ群馬社長（株式会社ザスパ）に就任し、２０１９年にJ2復帰を果たす。

おわりに

高校サッカー指導、Jリーグクラブ・ザスパ経営で実績を残した奈良先生の功績をどうしても伝えたかった。この2年間、傍で取材していた者として、どんな形でも足跡を記録しなければいけないという責務にかられた。それが本書を執筆した理由だ。

筆者が本格的にサッカー取材を始めたとき、奈良先生はすでに高校サッカーの現場を退いていたため、高校サッカー指導の現場を取材したことはなかった。その勇姿は、テレビで何度も観ていたが厳格な指揮官という印象だった。

言葉を交わすようになったのは、２０１７年12月に奈良先生がザスパの社長就任会見を行ってから。Ｊ３に降格したザスパを救うために大役を引き受けた奈良先生からの最初の依頼は、「ファンの声を聞かせてほしい」だったと記憶している。筆者が運営するウェブサイト「群馬サッカーNEWS Gマガ」に多くのファンの声が届いていたので、それをまとめてｅメールで送った。丁寧なメール返信があったのを覚えている。

忘れられないのは就任直後の、あるパーティーだ。出席者の一人の心無い発言を聞いていた奈良先生は、二次会で焼酎を煽りながら、悔しさのあまり涙を流した（50ページ参照）。その姿をみて、奈良先生は本気なのだ、と感じた。奈良先生なら、窮地のクラブを救ってくれるのではないかと思った。

「良し！」「やった！」「そこで勝負だ！」。アウェイスタジアムの関係者席では、奈良先生の声がいつも響いていた。地元ホーム開催は、主催代表者としての業務が多いため落ち着いて試合を観戦する暇はないが、敵地でのゲームではサポーター同様に、熱を入れて選手たちを見守った。筆者はいつも近くの記者席に座っていたが、前橋商監督時代はこんな感じだったのだろうと推測できた。試合後は、記者室に顔を出し、私たちに労いの言葉をかけてくれていた。記者室で、サッカー講座が始まるときもあった。私たち番記者は、いつの間にか、奈良先生の「生徒」になっていた。

奈良先生は、１９８８、１９８９年度の全国高校サッカー選手権で2年連続ベスト4に進出している。本書を執筆するにあたり、奈良先生に当時について尋ねたが、なかなか記憶がよみがえらない。聞けば、当時のメダルや賞状も自宅押入れに長く眠ったままという。「常に前だけを向いてきたので覚えていない。昔のことは生徒に聞いてみるといい」とのことで、何人かの前橋商ＯＢのもとを訪ねた。ＯＢは過去を鮮明に記憶していて、それぞれが奈良先生の言葉を心の中にしまっていた。ＯＢの一人が「奈良先生は、もし他のスポーツの監督だったとしても絶対に結果を残していたと思います」と話してくれたが、その延長上にザスパでの成功があると確信した。本気の姿勢、強い責任感、人心掌握術、決断力……勝負師・奈良先生から学ぶことは多い。

奈良先生は、ザスパ社長に就任したあとも社員以外には「先生」と呼ばれていた。教育者としての姿をみている人にとっては、永遠の「先生」なのだ。本書の原稿確認でクラブ事務所を訪れた際、奈良先生は、買い換えたばかりだというスマートフォンを眺めていた。そのスマホには新品のカバーがついていた。「これはザスパのカバーなんだ、さっき買ったんだよ」。スマホカバーのデザインは、クラブカラーの紺にサポーターナンバーを意味する「12」。スマホを眺める姿は、微笑ましかった。

奈良先生は、当初の使命である「J2復帰」を果たしたあとの2020年もクラブの指揮を執っている。しかしながら65歳という年齢を考慮すれば、次なる体制も考えていかなければならない。私たちは奈良先生がザスパで築いた土台、そして群馬県教育界での財産を継承していく必要がある。本書が、その一助になれば幸いだ。

期せずして入稿直前、新型コロナウイルス感染拡大を受けて首都圏などに緊急事態宣言が発令された。奈良先生の行動指針の数々は、未曾有の困難に立ち向かうための勇気になる気がしている。

2020年4月　伊藤寿学

●著者紹介———

伊藤寿学 (いとう・ひさのり)

群馬県前橋市在住のフリー記者。ザスパクサツ群馬（当時ザスパ草津）が発足した２００２年からサッカー取材を開始。県リーグから関東リーグ、関東リーグからJFL、JFLからＪ２への昇格をすべて見届ける。現在、「群馬サッカーNEWS Gマガ」編集長をつとめるほか、サッカー専門紙「エルゴラッソ」、雑誌「サッカーダイジェスト」、Ｊリーグサッカーファンサイト「J'sgoal」などスポーツ媒体を中心に寄稿。高校野球応援誌「月刊高校野球チャージ」で、首都圏の高校を広く取材している。構成・編集した書籍に『前育主義』(山田耕介著　学研プラス)がある。

装幀 —— 小口翔平＋加瀬梓（tobufune）
写真提供 —— 伊藤寿学
編集協力 —— 福岡春菜
取材協力 —— ザスパクサツ群馬

乾坤一擲《けんこんいってき》
ザスパクサツ群馬社長・奈良知彦「人生最後の大勝負」

発行日　2020年 4月 30日　第1刷
著　者　伊藤寿学
発行者　清田名人
発行所　株式会社内外出版社
〒110-8578 東京都台東区東上野 2-1-11
電話　03-5830-0368　(企画販売局)
電話　03-5830-0237　(編集部)
https://www.naigai-p.co.jp
印刷・製本　中央精版印刷株式会社

ISBN 978-4-86257-504-3　C0075